UGE GARÍA

Arriba, Andrés Moreno y Lorenzo Borrero en *Los papeles del Papila*, una de las más recientes del Pico de la Miel. Abajo, de izda a dcha: 'Musgaño' en *Nueva Dimensión* (1980); Carlos Salcedo repitiendo el *Espolón Manolín* en 1984; 'Capri' haciendo la variante de la *Piloto* trajeado (1983) y otras tres actuales: Juan Lozano en la *Senda* del Pico; Sophie Schlemermeyer en *La Teoría del Rozamiento*, y Carlos Salcedo disfrutando en La Cabrera igual que hace 40 años.

ALGO tiene La Cabrera que crea adicciones de larga duración. Uno de los escaladores que estuvo en los inicios y sigue frecuentando esta sierra es Carlos Salcedo, que solo tenía unos 10 años cuando la conoció por primera vez, acompañando a su hermano mayor, Juan Luis Salcedo. Cuenta que le impactó ver a Daniel Guirles y Luis Campos, que por entonces eran unos chavales, escalar la vía *Piloto*, de las pocas que había abiertas en esos años, y que tuvieron que ayudarles a descender cuando se desató una tormenta. «Para mí aquello fue todo un acontecimiento», recuerda Carlos, «desde entonces tuve claro que yo quería hacer eso». Antes de cumplir los 16 años ya había escalado la famosa *Piloto* y pronto se puso a explorar las agujas, por entonces muy poco frecuentadas. En eso no ha cambiado mucho la historia. Entre sus compañeros más habituales está Gustavo Cuevas, otro pionero con quien hablamos más adelante. Colaboró con él en la apertura del *Espolón de los Pájaros* en el Cancho de la Bola, así como en vías del Cancho del Rayo o del Perfil de Baco, entre otras. «Incluso nombramos algunos riscos vírgenes», afirma.

Acertadamente, Carlos describe la escalada en La Cabrera «algo así como una mezcla de La Pedriza y Galayos, porque por un lado tiene tramos de placa y adherencia, pero también abundancia de fisuras y verticalidad. Y además tiene la ventaja de su cercanía y fácil acceso».

Antes de los ochenta ya se habían abierto muchas de las líneas más evidentes.

Hasta aquí llegó entonces la filosofía del *free-climbing,* con representantes como Paco Aguado, Nano Galante, Juan Lupión o Manolo Martínez 'Musgaño', quien impulsó definitivamente la dificultad.

Cuatro vías para el cambio

«Al principio venía con nosotros, casi podemos decir que le iniciamos en el libre, pero no tardó en superarnos», asegura Juan Lupión refiriéndose al Musgaño, a quien apodaron así «porque se parecía a una araña de esas de patas largas que limpian el agua». Juan nos relata la historia de cuatro escaladas que representaron el cambio de mentalidad. La primera es una línea abierta por Juan Luis Salcedo y Ricardo Villalba, que recorría el techo de la Aguja K2, nada menos que en 1969. La obsesión de Musgaño era liberar aquel artificial y a ello se dedicó durante tantas jornadas que sus amigos le decían: «¡Estás emparanoiado con ese búlder!». Y así se quedó: el *Búlder paranoia*, del que Manolo consiguió liberar pasos de VIºsup con el que se graduaba en el momento (hoy sigue siendo una recomendable escalada de 6b+/A1). El siguiente renglón que escribió fue la fisura *Metodología*, en la cara Este del Puro, «con esta Musgaño decía que ya había desvelado el método a aplicar para subir de grado, y de ahí el nombre que le puso a la vía», relata Juan. Otro de los 6b actuales que no hay que perderse. Su mira se traslada entonces a la Aguja de los Tres Amigos, en primer lugar a la cara Oeste, en la que se pone a probar su fisura más marcada con insis-

SEBAS ÁLVARO

FOTOS: CARLOS SALCEDO

tencia, de la que Juan recuerda: «Se cayó probándola más de 18 veces, algo que no era nada habitual en el momento. Para él fue simbólico porque decía que por fin se había liberado de los complejos, y por eso la llamó *El Triunfo del Miedo*». Era 1979 y Musgaño ya ha subido el listón de la dificultad hasta el 6b+ en la graduación actual. La última vía que simbolizó el cambio no podía llevar otro nombre que *Metamorfosis*, en la misma Aguja de los Tres Amigos. Ampliamos su historia en el artículo dedicado a ella más adelante.

Nueva Dimensión

Muchas de estas escaladas fueron filmadas por Sebastián Álvaro en su película *Nueva Dimensión* (1980), que fue la mecha que prendió su futura carrera como director del programa *Al filo de lo Imposible*. Sobre ella, Carlos Salcedo nos cuenta esta anécdota: «Muchos descubrimos lo que estaba haciendo Musgaño solo después de ver esa película, con la que alucinamos. Recuerdo que, después de verle con esos movimientos atléticos en la variante que abrió del techo de la *Piloto*, quisimos ir a probarla, ¡y aquello era totalmente imposible! Después de muchos intentos y de analizar las imágenes de la película, nos dimos cuenta que en realidad había pasado por allí agarrándose a un mosquetón; no había otra forma. Ese mismo techo luego lo hizo mi compañero Carlos Lucas 'Capri' vestido de traje para un anuncio en el año 83; fue divertido». *Nueva dimensión* es también el nombre de otra de las fisuras exigentes hoy en

día, abierta para la película, y que fue escalada por primera vez en libre (7a+) por Tino Núñez y José Jiménez en 1985.

Una esencia única

Los años de bota dura y de cleta dieron paso a los pies de gato, y los tacos de madera y clavos al material flotante, como recuerda Carlos: «Los primeros empotradores que tuve fueron unos que eran como de plástico duro, que se iban deteriorando con el uso. Luego vinieron los Wild Country y por aquí los Amigos del Galayar, que fabricó la marca Calma. Con mucho esfuerzo teníamos uno cada amigo y nos juntábamos para reunir varios y poder escalar las vías. Imagínate la diferencia ahora, que vamos cada uno con nuestro juego de friends completo, y hasta con tallas repetidas». En las décadas que transcurrieron durante esta transformación, la sierra se fue poblando de vías, tanto en los riscos más grandes como en los pequeños, con joyas como la *Capitán Pinzas* o la *Teoría del rozamiento* en la Peña del Águila, la *Acceso directo a la memoria* en el Murciélago o las cortas y peleonas fisuras del Bloque Californiano, entre otras de las más conocidas. Los nombres de Luis M. Guiñales, Tino Núñez y Eladio Vicente están detrás de estas creaciones de los 90. También se desarrolló la contigua zona de Valdemanco, donde los hermanos Salcedo han sido especialmente activos (en 2010 Juan Luis Salcedo publicó la *Guía de escalada de las agujas de Valdemanco*).

La idiosincrasia de esta zona – con una escalada limpia de la que apenas queda

rastro del paso de los aperturistas, y con una vegetación abundante que contribuye a acelerar el borrado de esta huella– ha propiciado que muchas vías hayan sido "reabiertas" con el paso de los años, creando confusión y no pocas rencillas y polémicas de poco provecho. También la falta de información, o puede que el desinterés voluntario o el indomable ego, han contribuido a modificar unas realizaciones que merecían ser respetadas.

Espolear la curiosidad

En las siguientes páginas intentamos reconocer este legado, presentando a algunos de los protagonistas que han dado forma a la escalada en esta sierra, los de antes y los de ahora. Cada uno aparece vinculado a aperturas realizadas en distintos riscos. No quiere decir que sean las vías principales o las más representativas; de hecho, muchas de las más famosas no aparecen. Lo que pretendemos con esta selección es, por un lado, poner en valor el trabajo de sus creadores y, por otro, suscitar vuestra curiosidad. Esperamos que, la próxima vez que visitéis la zona, además de repetir las clásicas de renombre, os animéis a explorar el lado más aventurero y salvaje que ofrece esta sierra. Como nos dice Carlos Salcedo: «La belleza de las formas, los relieves, la calidad de la roca... eso no ha cambiado. Cuando vuelvo a hacer una vía recuerdo con intensidad los agarres, los pasos, cada detalle, y mis sensaciones son las mismas. Y los atardeceres que se ven desde lo alto son siempre magníficos». ■

JUAN LOZANO

JAIME MERINO

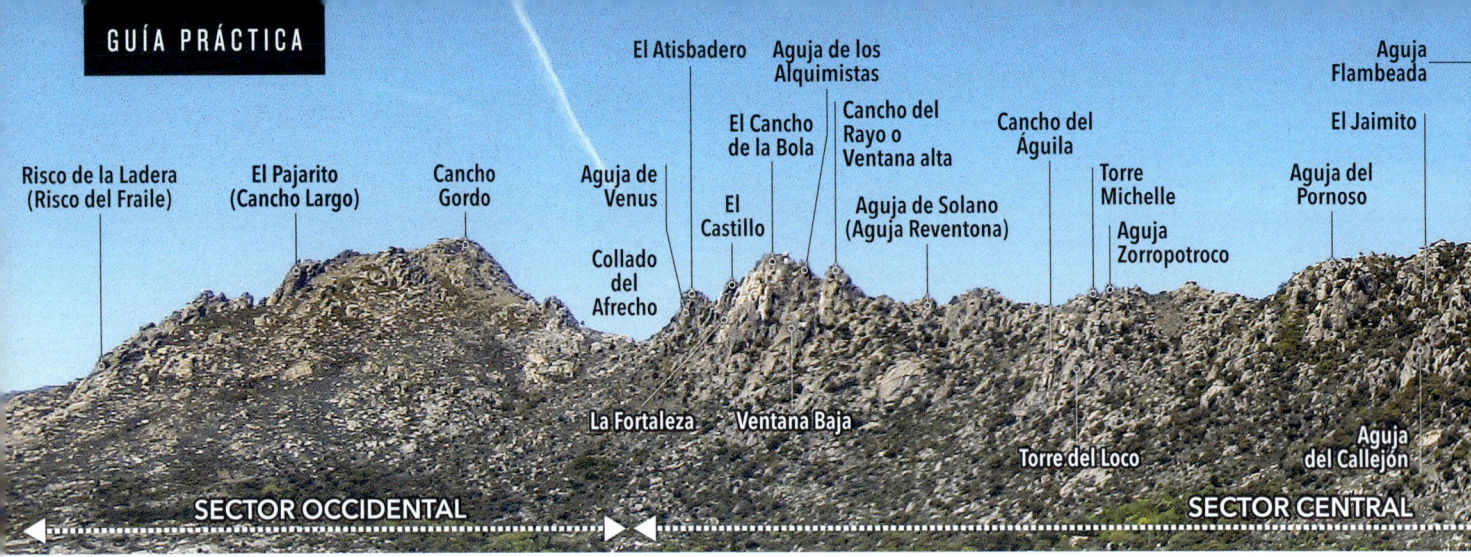

Risco de la Ladera (Risco del Fraile) · El Pajarito (Cancho Largo) · Cancho Gordo · Aguja de Venus · Collado del Afrecho · El Atisbadero · El Cancho de la Bola · El Castillo · Aguja de los Alquimistas · Cancho del Rayo o Ventana alta · Aguja de Solano (Aguja Reventona) · Cancho del Águila · Torre Michelle · Aguja Zorropotroco · Aguja Flambeada · El Jaimito · Aguja del Pornoso

La Fortaleza · Ventana Baja · Torre del Loco · Aguja del Callejón

SECTOR OCCIDENTAL   SECTOR CENTRAL

LA CABRERA
ESCUELA DE FISURAS

Con 4 km de extensión, este cordal granítico ofrece múltiples opciones para disfrutar con los amigos, tanto los de levas como los humanos y los animales con los que compartimos el espacio.

El municipio de La Cabrera se encuentra en la comarca de la Sierra Norte de Madrid, a unos 60 km de la capital, con acceso por la autovía A-1 (carretera de Burgos). Delimitándolo por el norte, se alza la sierra de La Cabrera, una estribación rocosa de la Cuerda Larga, que es uno de los macizos más importantes de la sierra de Guadarrama, perteneciente al Sistema Central. Aunque la pared más conocida para la escalada es el Pico de la Miel (1392 m),

su altitud más elevada está en el Cancho Gordo (1563 m).

En cuanto a la vegetación, la jara pringosa, enebros, encinas y robles melojos aportan la nota verde de su vertiente más soleada, mientras que en la cara norte, son los pinares de pino resinero de repoblación los protagonistas, adaptados al terreno pedregoso y seco predominante. En el entorno corretean pequeños mamíferos como zorros, conejos lirones o comadrejas, mientras que por los cielos so-

brevuelan los abundantes buitres, así como aguiluchos, herrerillos, milanos, carboneros o los más esquivos búhos reales.

En el paisaje circundante se distingue el embalse del Atazar en la llanura y, en los días despejados, se pueden ver claramente silueteados los rascacielos de Madrid hacia el Sur. Desde los puntos más altos divisaremos hacia el Norte la sierra de Guadarrama, mientras que hacia el Este se despliega el valle de Lozoya y sus montes.

La cercana autovía, que la hace tan accesible, es a la vez su mayor inconveniente, pues su ruido es una constante en el Pico de la Miel, que se irá disipando según nos vamos alejando y adentrando en las agujas, donde reina un ambiente más tranquilo y salvaje.

Accesos
Mientras que para llegar al Pico de la Miel la aproximación es evidente, no lo es tanto para el resto de las agujas, siendo este uno de los motivos por el que no son tan frecuentadas. Sin embargo, una vez que logremos tener ubicadas las distintas agujas y riscos, veremos que no hay tantas alternativas de caminos y que, con un poco de intuición y sentido de la orientación, daremos fácilmente con nuestro objetivo. En general las aproximaciones no superan la hora de caminata.

Sector oriental
Existen dos puntos bien marcados y conocidos para realizar la aproximación a nuestro destino:

Para el Pico de la Miel y el Callejón Soyermo, deberemos utilizar el parking del conocido Restaurante Cancho del Águila.
• GPS aparcamiento del Cancho del Águila: 40.876000, -3.603361

En las inmediaciones de la gasolinera, por detrás, encontramos el inicio del evidente camino que, en pocos minutos de subida, nos da acceso a una explanada de tierra a pie del Pico de la Miel; desde aquí, una marcada senda sube directa hacia las paredes. A medida que nos acercamos, el camino principal se bifurca para dar acceso a las diferentes zonas de escalada.

Para las agujas situadas a la izquierda de la cara Oeste del Pico de la Miel, entraremos en La Cabrera por la Avenida de la Cabrera y tomaremos la primera calle a la derecha, la Calle de los Colegios, aparcando al final de la misma.
• GPS aparcamiento Calle de los Colegios: 40.873972, -3.607333

FOTOS: ADOBESTOCK

Aguja de los Tres Amigos | El Murciélago | Paredes del Barracón (Cancho de los Brezos) | Cancho Blanco (Aguja K2) | Pico de la Miel

Aguja de los Tejos (Aguja Sin Nombre) | Aguja de la Pirámide | Cancho de los Tejos | Torre de los Casares | El Puro (Cancho de las Yeguas) | El Tricornio | Cancho del Soyermo

UGE GARCIA

Aguja de los Campanarios | Pared de los Tubos

Bloque Californiano

SECTOR ORIENTAL

Desde este punto comienza un camino que deberemos tomar siempre a nuestra derecha, para más tarde ascender casi en la vertical de las paredes, por una estrecha y empinada senda bien definida.

Desde aquí accedemos a la Aguja K2, el Tricornio, el Puro y el Cancho de los Brezos.

Sector central

Entramos en el pueblo de La Cabrera por la Avenida de la Cabrera y tomamos la primera calle a la derecha (C/ de los Colegios). Dejamos a la derecha una primera calle (donde aparcamos para escalar en el Pico de la Miel) y giramos en la siguiente a la derecha, para tomar la calle Encerrada. Tras unos metros se convierte en una pista, el parking es una pequeña explanada en donde se hace evidente el acceso a las agujas. Se ruega no aparcar ni invadir la pista de tierra con nuestros vehículos, y cerrar el vallado a nuestro paso.

• GPS aparcamiento de la Calle Encerrada: 40.873833, -3.615972

Desde el aparcamiento, un sendero con hitos en dirección a la Aguja Sin Nombre (Aguja de los Tejos), perfectamente visible desde aquí, da acceso a las diferentes agujas del sector.

Desde aquí accedemos a los riscos, a la izquierda del camino: Aguja de los Tres Amigos, el

REGULACIÓN y recomendaciones

AUNQUE la sierra de La Cabrera no está incluida en la delimitación del Parque Nacional de la Sierra de Guadarrama, sí se encuentra dentro de su espacio de influencia. Actividades como la escalada se encuentran reguladas para la protección y buena convivencia con las aves que la habitan. Se ruega el máximo respeto a esta normativa, para evitar futuras prohibiciones aún más severas. Ampliamos los motivos y consecuencias de estas regulaciones en la entrevista con la agente forestal Gema, que puedes leer en la pág. 82.

En los siguientes riscos no está permitida la escalada entre el 1 de enero y el 31 de julio, ambos incluidos:

• **Pico de La Miel** (regulada únicamente la vía Bavaresa Blanca)
• **Cancho de las Yeguas** (El Puro, Cancho de los Brezos).
• **Agujas de Las Pedrizas** (La Pirámide, Aguja Sin nombre o Aguja de los Tejos, Aguja de los Tres amigos, Aguja Flambeada-Aguja del Callejón).
• **Peña del Águila** (Torre Michelle Dumont, Peña del Águila).
• **Zona de La Bola** (El Castillo, La Bola, Ag de los Alquimistas, Ventana Alta).

• **Zona occidental-Valdemanco** (Cancho Largo-Pajarito, Cancho Gordo, Punta Laura-Punta Amarga, Punta Alsina y Aguja Astarte).

Si vemos un nido en algún risco, debemos comunicarlo a los Agentes Forestales, en el teléfono de la centralita: 900 181 628 (si no existe buena cobertura se puede llamar al 112).

Existe una oficina comarcal en La Cabrera, Calle Redueña, s/n.

El resto de recomendaciones de comportamiento son las habituales en cualquier otro espacio natural: no hacer fuego, respetar a la fauna y la flora, dejar la mínima huella posible de tu paso (y llévate la basura que encuentres), llevar a los perros atados especialmente si hay ganado suelto, evitar hacer ruidos molestos, aparca sin obstaculizar los caminos, sigue los senderos marcados... En definitiva, respeta nuestra casa, que también es la tuya.

Izquierda, vista de la sierra desde la vertiente occidental, con el convento abajo, desde el que se accede a agujas como El Pajarito o el Risco de la Ladera (en primer término en la imagen); y la carretera de acceso al Pico de la Miel, con el restaurante Cancho del Águila a sus pies. Derecha, buitres vigilantes en el Cancho de la Bola.

ADOBESTOCK

Trono, los Campanarios y Aguja Sin Nombre. Y a la derecha del camino: Cancho Cuadrado, Risco del Murciélago y La Pirámide.

Para la aproximación de aquellas agujas más alejadas, como el Cancho de los Tejos o la Torre de los Casares, deberemos tomar la senda que cruza el camino por la mitad, hasta que la aproximación a pie de vía nos resulte evidente.

Sector occidental
Para la delimitación de este sector de la serranía, tomamos como referencia el marcado y conocido collado Alfrecho.

Para las agujas de la izquierda del collado, utilizaremos normalmente el parking del Convento de San Antonio como punto de inicio y aproximación. Para ello, una vez en el pueblo de La Cabrera, hemos de ir dirección Sur y, antes de salir de la localidad, seguir los carteles indicativos (de color rosa) del convento. Se puede aparcar en un apartado de la carretera antes de llegar al mismo, o bien arriba, en su entrada, teniendo en cuenta que hay pocas plazas de aparcamiento y que hemos de tener cuidado de dejar los vehículos sin entorpecer la circulación, y prestar atención al cierre del convento (horario en la entrada del mismo).

- **GPS aparcamiento convento:** 40.868444, -3.638361

Tras aparcar, nos dirigimos hacia el muro del convento y, rodeándolo por la izquierda, sale un empinado camino que nos lleva a los distintos riscos.

Desde aquí accedemos al Cancho de la Ladera, Pajarito y Cancho Gordo.

Para aquellas formaciones rocosas ubicadas en el margen derecho del collado Alfrecho, hasta la denominada Aguja de Solano, utilizaremos el parking-

explanada que encontramos a mitad de camino al convento.

- **GPS aparcamiento explanada:** 40.866489, -3.629660

Empezamos a caminar por la pista ancha pero en seguida tomaremos a la izquierda un marcado camino (señalizado con hitos) que sube en en dirección al collado. Unos 100 metros antes del mismo, veremos una senda que nos lleva a la base de las paredes.

Desde aquí accedemos a los riscos: Atisbadero, Aguja de Venus y Perfil de Baco.

Para aquellas agujas más alejadas de las inmediaciones del collado Alfrecho, aparcamos en la misma explanada anterior y tomamos el mismo camino, pero nos deberemos desviar antes, en una descarnada curva de donde sale un desvío (marcado por un hito y bastante pisado) en una tortuosa pero corta pendiente. Continuamos por esta senda, entre jaras, que va bordeando la base de las distintas agujas.

Desde aquí accedemos a los riscos: El Castillo, La Almena,

GEOLOGÍA

HACE unos 300 millones de años, la Sierra de La Cabrera surgió durante la orogenia Varisca, cuando varios continentes primitivos colisionaron y formaron el supercontinente Pangea. Como resultado de estas fuerzas, el magma del interior terrestre ascendió y se enfrió lentamente bajo la superficie, dando origen al granito. Este enfriamiento pausado permitió que los minerales se unieran en grandes cristales, creando la textura moteada característica de esta roca, compuesta principalmente por cuarzo (transparente o blanco), feldespato (rosado o blanco) y mica (negra y brillante).

Con el paso del tiempo, la erosión y los movimientos de la corteza terrestre desgastaron las capas superiores, dejando al descubierto el granito. La acción del viento y el agua terminó esculpiendo la sierra, generando fisuras, canalizos y bolos, elementos esenciales en el paisaje. Estas formaciones han determinado el tipo de escalada que se practica en la zona, caracterizada por la abundancia de fisuras, chimeneas y diedros, ideales para la escalada de autoprotección.

Resulta curioso que el granito de esta zona difiera bastante del de la cercana Pedriza. La presencia de cristales más grandes y uniformes en La Cabrera se debe a que se enfrió más lentamente en el interior de la corteza terrestre, mientras que el granito de la Pedriza es más heterogéneo, lo que indica que tuvo un enfriamiento más variable. Además, al ser un granito más duro, la erosión ha formado fisuras más limpias en La Cabrera, mientras que los bolos redondeados y la mayor abundancia de placas de grano fino en la Pedriza se debe a que los procesos de meteorización han sido más intensos, consecuencia de la acción del agua, el viento, los cambios de temperatura y otros factores ambientales.

JAIME MERINO

El Cancho de la Bola, El Cancho del Rayo (Ventana Alta), la aguja de los Alquimistas y el Escudo del Rayo (Ventana Baja).

Escalada

La sierra y sus agujas son reconocidas como escuela de escalada en fisuras, presentando un terreno de juego en granito que no es muy habitual en otros lugares de la geografía española. Ofrece un buen entrenamiento para el estilo de escalada que encontraremos en las grandes montañas de cadenas como Los Alpes o Patagonia, a una escala reducida y amigable. Con todo, también encontramos en sus paredes vías verticales con agarres generosos, así como placas tumbadas que pondrán a prueba nuestra fe en los pies y la fuerza de dedos en los microagarres y regletas.

Por lo general, para las vías de varios largos, tanto en el Pico de la Miel como en las agujas más altas, es recomendable ir con cuerda doble, que nos permita bajar rápido en caso de cualquier imprevisto. Para las vías de un largo habitualmente será suficiente con llevar una cuerda simple de 70 metros.

En cuanto al material, hemos de ir provistos de cintas exprés y un juego surtido de friends para la mayoría de vías. En cada una de los itinerarios que describimos en estas páginas se indica el material necesario específico. Casco siempre recomendable.

Mejor época

La escasa altitud de la sierra y su orientación este-oeste hace que sea posible la escalada durante casi todo el año. Solo en los meses veraniegos más calurosos será necesario madrugar mucho o esperar a las últimas horas del día para poder escalar en las agujas que ofrecen sombra de mañana o de tarde. Atención a las regulaciones pues, durante gran parte del año (enero a julio) no está permitida la escalada en muchos riscos.

Dormir, comer y otros servicios

La Cabrera tiene una población de 2900 habitantes (2024) y es un destino turístico frecuentado los fines de semana. Cuenta con una oferta variada de alojamientos: desde el Camping Pico de la Miel (www.picodelamiel.com) a varios hoteles, hostales y casas rurales. No está permitida la acampada, pero sí se puede vivaquear y

cuenta con algún que otro vivac, como el existente en la zona de las Pedrizas, bajo una gran roca.

Igualmente hay muchas opciones para comer. Uno de los puntos de encuentro más habituales pera los escaladores es el restaurante El Cancho del Águila, ubicado bajo el Pico de la Miel, donde suele empezar la jornada con un café. Junto al mismo, encontraremos una gasolinera. Otra opción es el Mesón El Cordero, antiguo lugar de reunión de los escaladores, que todavía conserva algún cuaderno de piadas.

En el pueblo también hay un rocódromo abierto al público: Honey Rock Climbing, en la C/del Corcho, 27 (tel. 611 54 23 99).

Agua

Encontraremos una fuente de agua potable junto al ayuntamiento de La Cabrera y otra en el aparcamiento del convento.

Búlder

Todo el entorno, tanto en La Cabrera como en los cercanos Bustarviejo, Valdemanco, Cabanillas y El Berrueco, cuentan con múltiples sectores de bloque que ofrecen cientos de problemas, con una larga tradición y variedad de dificultad. Encontraremos información tanto en internet como en la *Guía de Boulder de La Cabrera*, a cargo de Francisco Javier Rodríguez de Cea, publicada en 2019 con la colaboración del Ayuntamiento de La Cabrera.

Más información

Hay varias guías "en construcción", pero de momento no contamos con ninguna guía de escalada de referencia de la sierra, más allá de la publicada en 1999 por la Federación Madrileña de Montaña (actualmente descatalogada).

Encontramos bastante información en internet, en webs y blogs como:
• *http://escaladorescabrera. blogspot.com* (blog de la asociación Escaladores de la Cabrera).
• *https://sobreescalada.com* (blog de Curro González, principal colaborador de este número).
• *https://pedrizamania. blogspot.com* (blog de Rodrigo Sánchez, guía de escalada la zona).

Se puede descargar gratuitamente una recomendable guía digital de escalada en fisuras de La Cabrera, a cargo de Aitor Istúriz y Uge García (editada en

BEADRES

La erosión nos ha esculpido joyas como la megaclásica *Capitán Pinzas*, 6c+ del Cancho del Águila (izquierda, con Pablo Rodríguez) o *Las yemas de mis uñas*, 7c+ del Escudo del Rayo, desvelada en 2018 por Palan Martín (arriba). A la izquierda, arriba, exterior del convento de San Antonio.

2022), en: *https://cuadernode-escaladas.com/guia-escalar-fisuras-en-la-cabrera*.

Existe una guía en papel de las cercanas agujas de Valdemanco (Tomo 1, en espera de un Tomo 2 de las agujas que no llegó a editarse), a cargo de Juan Luis Salcedo. Ed. Barrabés, 2005.

Artículos en *revistas Desnivel nº 114, 126, 221, 275 y 436* (este último, publicado en abril de 2024, contiene una selección de escaladas en fisura de distintas zonas españolas).

Otros lugares de interés

Entre los lugares de interés del municipio de La Cabrera destaca el convento de San Antonio, que es además uno de los puntos

de acceso al sector occidental de las agujas. También conocido como Monasterio de San Julián y San Antonio, es una joya arquitectónica construida a finales del siglo XI, que destaca por su iglesia románica con una singular cabecera de cinco ábsides semicirculares. A lo largo de su historia, ha albergado comunidades benedictinas y franciscanas, pasando por distintos usos como hospedería de personalidades o incluso como prisión durante un breve tiempo. Conserva un sistema hidráulico histórico que abastecía sus huertas y jardines. Desde 2004 está gestionado por los Misioneros Identes, combinando su legado religioso con actividades culturales. Está abierto a las visitas. Más información en su web: *www.conventolacabrera.com*

El pasado ganadero del pueblo sigue muy presente en su paisaje, salpicado de dehesas y antiguas vías pecuarias. Un vestigio lo encontramos en el "potro de herrar" que se conserva en la C/ Carlos Jiménez Díaz; unos monolitos de piedra con travesaños y un yugo de madera que se usaba para inmovilizar a caballos, bueyes y vacas mientras se herraban o curaban.

Los interesados en la historia también pueden visitar el castro del Cerro de la Cabeza, uno de los primeros asentamientos humanos que hubo en la zona, que incluye la necrópolis "Tumba del moro". Se encuentra en la carretera que une La Cabrera con Valdemanco (km 1,8).

Más información sobre el municipio y sus atractivos turísticos: *www.lacabrera.es* ■

RISCO DE LA LADERA O DEL FRAILE *vía Ramoni*

También llamado Risco del Convento o del Monasterio por su cercanía al mismo, su pared oeste ofrece un conjunto de vías amables, por lo general semiequipadas, dibujadas principalmente en los 90. Un buen ejemplo es la Ramoni, con firma de **Domingo Sánchez Maceta.**

DOMINGO SÁNCHEZ

E L fácil acceso a este risco y su abundancia de vías asequibles y semiequipadas ha hecho que sea uno de los más visitados, aunque sin llegar a la masificación del Pico de la Miel. Entre sus primeras aperturas está la *JJ*, por Julio Marina y Javier Pérez en 1978, seguida ese mismo año por la *Pincho*, a cargo de Maya y Dionisio Delgado que hoy son las dos grandes clásicas. Tras un relativo olvido en los ochenta, en la siguiente década se trazaron dos nuevas vías que transcurren bastante cerca una de la otra: la *Éxtasis* y la *Ramoni*, ambas por Domingo Sánchez Maceta y Miguel Ángel García, con la colaboración de Rafael Parra en la primera. También a mediados de los 90 su contrafuerte se convirtió en un laboratorio de dificultad con vías equipadas o semiequipadas por Elado Vicente, que dejó cortas y explosivas rutas como *Cuco Peluco* (7b) o *Proceso Terminal* (7b+). Hoy la pared está surcada de líneas tanto de corte deportivo en las zonas bajas como de varios largos, que por lo general presentan las reuniones rapelables y son una buena opción para una jornada de disfrute.

Sobre la *Ramoni*, Domingo Sánchez —más conocido como "Maceta" por su evocador segundo apellido— nos cuenta que la abrieron en dos jornadas de escalada: «Ya habíamos hecho antes la *Éxtasis*, que en realidad fue más bien un proyecto de Miguel Ángel al que yo me uní después. Luego la *Ramoni* nos costó dos tacadas; en la primera abrimos el primer largo, que es el más laborioso, en el que tuvimos que meter tres o cuatro buriles y resolvimos en artificial y aprovechando alguna piedra empotrada con unos cintajos para superar los pasos. Y al día siguiente continuamos con los otros lar-

12 | DESNIVEL.COM

Risco de la Ladera

Aproximación: desde el aparcamiento del convento de San Antonio (GPS: 40.868389, -3.638361) tomamos el empinado camino que parte desde la zona izquierda de la muralla, evidente y marcado. Ascenderemos hasta contemplar el Cancho Largo en el margen izquierdo y el Risco de la Ladera en el derecho, cualquiera de los caminos marcados que se dirigen a sus paredes nos será válido. En total tardaremos una media hora de caminata en llegar desde el aparcamiento.

Orientación: Oeste.

Regulación: risco sin regulaciones activas, consultar fuentes oficiales.

Otras vías: en el risco encontramos multitud de rutas de escalada, tanto de corte deportivo como clásico. Justo en el destrepe, encontramos el característico Bloque cósmico con una vía semiequipada muy entretenida: *Cometa Hayakutake* 6b (puedes leer su historia en el artículo del Pajarito). A pocos minutos de aproximación encontramos la cara Este y Norte del Pajarito o Cancho Largo.

1. Ramoni
(80 m, 6b o A0)

1ª asc: Domingo Sánchez y Miguel Ángel García en 1996.

Itinerario: fisura-chimenea con carácter, de esas añejas que tan buen sabor de boca te dejan. Aunque sea hacer solo el primer largo (con reunión rapelable) ya merece la pena.

Material: 10 cintas y un juego completo de friends, incluido el #4.

Descenso: desde la cumbre destrepando, evidente.

Risco de la Ladera o del Fraile. Cara Oeste.

1. Ramoni (80 m, 6b o A0).
A. Sin datos (6b+).
B. Jubilación forzosa (7a?).
C. Algún día... (6c).
D. Diedro J.J. (L1: V+; L2: V+; L3: IV+).
E. Senectud total (L1: 6a; L2: 6a+; L3: 6b).
F. Extasis (L1: 6a; L2: V+; L3: 6b o A2).
G. Alejandra (L1: IV; L2: 7b o A0; L3: A2).
H. Bidalepurrak eta Sorginak (L1: V+; L2: 6c+; L3: 6c/A1).
I. Pincho (L1: V; L2: 6a).
J. Fisura exfoliante (L1: IV; L2: 6b; L3: 6a+).
K. Larga vida al Ereim (6a+).
L. Espolón Chamberí (IV).

---

gos, ya todo en libre, metiendo clavos. Lo pasamos genial, ya intuíamos que nos estaba quedando una vía bonita. Una vez abierta hicimos varias repeticiones y conseguimos sacarla toda en libre menos un paso del primer largo, que dejamos en A0 y que después gente con más nivel pudo resolver».

La vía se la dedicó a su mujer, Ramoni «porque ha sido gracias a ella, a todas las facilidades que me dio para ir a la montaña, que pude hacer no solo esta vía, sino todas las demás. Sin su apoyo no habría podido llegar a tener el historial medio decente que tengo». En la Cabrera, esa huella está en vías como la *Maceta* de la cara

A la izquierda, Benito Borrero (con gorro blanco) y Domingo S. Maceta en sus años mozos en la Cabrera, con el «atuendo escalador» de los rompedores 70. A la izquierda, Javier Bernabé en la característica fisura-chimenea del primer largo (6b) de la *Ramoni*.

este de la Aguja de los Tejos (Aguja sin Nombre), una destacada escalada abierta en artificial hoy liberada a 6c, así como otras vías en la Almena del Castillo (vía *Laura*) o el Pico de la Miel. Aunque ya no escala, el Pico siempre ha sido su pared favorita: «Tiene un ramillete de vías excepcionales que son imprescindibles si visitas por primera vez la Cabrera». ■

EL PAJARITO O CANCHO LARGO
vía Cíclope

*Conocemos a través de una de las múltiples vías de este llamativo risco –cuya forma de pájaro posado nos recuerda a su homólogo de la Pedriza– a **Lorenzo Borrero,** escalador asíduo a la serranía de La Cabrera durante más de cuatro décadas y todavía reincidente.*

Loren repitiendo la vía *Alex* al Murciélago. A la derecha, arriba, en la apertura de la *Benito Borrero* al Pico de la Miel, y debajo, abriendo la *Cíclope* del Pajarito en 1996.

COMO resume Lorenzo Borrero, o "Loren" a secas para los amigos: «Entre la *Borrero/Ortiz* y la *Benito Borrero* distan cuatro décadas y muchas aventuras. En la primera, corrían los años setenta del siglo pasado. Vestíamos con las pesadas Kamet, unos bávaros, camisa de franela, mochila de loneta... Nos protegíamos con casco Boeri, maza, clavos, buriles, tacos de madera, tuercas como empotradores, cuerdas de perlón, drizas y mosquetones de hierro. En la segunda, el material más liviano y tecnológicamente más avanzado. Cuando estuvimos abriendo la segunda, eché la mirada a la primera vía que tracé en el Pico. Un primer largo donde solo tenía dos buriles, uno de ellos no lo localicé; en los siguientes largos nos asegurábamos a las carrascas o algún saliente a modo de reunión. En el devenir de los años, los ochenta y noventa pisaron el acelerador, se sucedían repeticiones y aperturas a lo ancho y largo de La Cabrera».

La escalada ha experimentado toda una transformación en esos cuarenta años en los que Loren lleva subiéndose por las paredes de La Cabrera, desde 1974 cuando abrió la mencionada *Borrero/Ortiz* junto a Francisco Ortiz Ruiz "El Chino" en el Pico de la Miel, a la *Benito Borrero*, que transcurre paralela a la anterior y que trazó con Uge y Alejandra Criado a principios de este siglo. Esta última se la dedicó a su hermano menor, barrido por el devastador galope del caballo en los ochenta, como tantos otros amigos del barrio de *Sanse*. «La escalada fue lo que me salvó a mí», asegura Loren, que admite que «no me gusta tanto la evolución que ha tenido el montañismo,

COL. LORENZO BORRERO

Más croquis dibujados de Loren en: https://sites.google.com/view/lorencroquisypiadas/inicio

creo que no tiene nada que ver con la pureza de antes, pero es la vida, hay que apechugar con lo que viene».

Aunque también ha sido un gran escalador de otras zonas, esta sierra es la que más ha frecuentado y lo sigue haciendo por cercanía, y continúa enamorado de todos sus rincones: «Me gusta toda la cresta, cada zona tiene su encanto, claro que lo que más nos ha llamado la atención ha sido siempre el Pico de la Miel, que es donde se partía el bacalao». Tiene anécdotas y recuerdos de prácticamente todos los riscos, en los que ha abierto con distintos compañeros aproximadamente una quincena de vías. Entre ellas hay varias abiertas con Andrés Moreno, como la poderosa *Bloodstar* (6c+), en el Pico de la Miel. Cuenta que al terminar de equiparla, «andaba por allí José Isidro Gordito, conocido alpinista y parapentista, quien bajaba caliente de encadenar la *Shoggoth*. Le pidieron que estrenara la *Bloodstar* y, en su ase-

dio, se llevó buena colección de raspones». Loren tiene dos hijos y tres nietos; es ya todo un abuelo de energía inagotable, albañil jubilado con alma de artista. Lo demuestra en los detallados croquis dibujados a mano que hace de las vías, una afición que empezó «desde muy pronto, cuando empezamos a escalar con los boyscouts; me acuerdo que ya dibujé un boceto de la *Rivas/Acuña*, la primera vía que escalé aquí cuando tenía 12 años».

Astronomía y mitología

Su apertura de la *Cíclope* en el Pajarito tiene un toque de astronomía, y es que está vinculada al cometa Hyakutake, llamado «el Gran Cometa de 1996» pues en marzo de aquel año fue cuando más cerca pasó de la Tierra de los últimos 200 años. Allí estaban por entonces Loren y su amigo Mane en La Cabrera, observándolo incluso de día. Pero mejor nos lo cuenta él mismo:

«Hace ya muchos años, vivaqueando en la pequeña pradera que hay junto al Bloque Cósmico, teníamos enfrente la inconfundible efigie del Cancho Largo (El Pajarito). Perdíamos la vista hacia el cometa Hyakutake y, oteando la cara Este del citado risco, descubrí la silueta de un cíclope. Es una frente alargada hasta la base de un gran diedro, con un techito que da forma a su ojo. Intuimos la posibilidad de abrir una vía entera hasta arriba. No tardamos en ponernos debajo del muro y materializar una nueva vía, pertrechados de uñas, pequeñas cuchillas, pitonisas, clavos y un espitador por si la cosa se torcía. Una ascensión que recuerdo con tanta intensidad porque el primer largo nos costó lo suyo. Fuimos protegiendo con piezas pequeñas, progresando de algunas y de otras nos colgábamos con casi soplo en el corazón, tratando de instalar un espit salvador. Recuerdo el vuelazo de mi compañero Mane, que le saltó una uña y acabó aterrizando en el

Pajarito o Cancho Largo.
Cara Este.

1. Scopaesthesia (120 m, 6b+).
2. Cíclope (120 m, 6b).

A. Espolón Azucarillo (L1 6b+, L2 V).
B. Fisura (nombre desconocido) (6b).
C. Fisura (nombre desconocido) (6b+).
D. Diedro Este (L1 IV+, L2 V).
E. Doctor Locovick (L1 IV, L2 V, L3 V, L4 6a).
F. Fisuras Polares (L1 IV, L2 V, L3 V, L4 6a).
G. Libre y Salvaje (L1 7a, L2 A0, L3 6a+).
H. Abraxas (L1 6c o 7a, L2 6a, L3 6a).
I. Menos cacharros y más cojones (L1 6b, L2 6b, L3 V).
J. Vte. Martín-Gil (6b).
K. Guadarrama (L1 6a, L2 6a+, L3 V).
L. Vte. Heracles (6b).

Loren Borrero y Andrés Moreno escalando *Los clavos del Animal* (A2/6b) en la cara Este del Pico de la Miel (Callejón Soyermo).

FOTOS: UGE GARCÍA

Pajarito o Cancho Largo

Aproximación: partimos desde el aparcamiento del convento franciscano de San Antonio (GPS: 40.868389, -3.638361), atención porque los fines de semana puede estar completo. Tomamos el empinado camino que parte desde la zona izquierda de la muralla de piedra del convento, que es evidente y se encuentra marcado. Solo hay que desviarse hacia la izquierda en los múltiples caminos que nos dirigen hacia el Risco de la Ladera (derecha) en la zona alta. Una media hora de aproximación.

Descenso: en un rápel (30 m) desde la cumbre por la cara norte del risco.

Regulación: risco regulado, no escalar del 1 de enero al 31 de julio.

Otras vías: en este risco, tanto en su cara Este como en la Sur, hay más de una veintena de vías de escalada, suficiente para disfrutar varias jornadas. Si te va la marcha, no dejes de escalar las verticales fisuras de la cara norte (algunas sin encadenar). En las cercanías encontramos la Aguja de las Cuatro Puntas y el Risco de la Ladera.

1. Vía Scopaesthesia
(120 m, 6b+/Ae)

Orientación: Este

1ª asc: Galo y Uge.

Itinerario: ruta variada que transcurre en general en libre con pocos seguros fijos (incluso en las reuniones), excepto algún paso de A0 en el primer largo y un tramo de Ae (pendiente de liberar) en el segundo largo.

Material: 10 cintas y un juego completo de friends, incluido el #4.

2. Vía Cíclope (120 m, 6b)

Orientación: Este

1ª asc: Lorenzo Borrero, Mane y Óscar Monte en marzo de 1996.

Itinerario: supera una placa vertical con carácter, cortada por un pequeño techo en el primer largo (6b), para continuar por el diedro-fisura ancho tan característico de la parte superior de la pared (6a+).

Material: 10 cintas y un juego completo de friends, incluido el #4.

pequeño roble de la base. Nada grave para lo que podía haber pasado, salvo molestos rasguños por todo el cuero y con la moral del Alcoyano. En el primer ataque abrimos el primer largo y pospusimos la apertura para otro finde.

El siguiente largo lo ascendí con Óscar; Mane no pudo apuntarse. Abrimos un guapísimo diedro que quedó limpio, a excepción de un clavo que puse nada más salir de la reunión, que sirvió como guía (pieza que aún está). El tercer largo es fácil hasta la cumbre, donde espera un pasaje aéreo y expuesto. Allí pudimos contemplar cuán pequeños somos ante un paisaje único; así me siento cada vez que alcanzo un pequeño reducto de libertad».

También en esa época y en honor a ese cometa bautizaron el mismo Bloque Cósmico que se encuentra junto al vivac, al pie del Risco de la Ladera, y en él la corta vía *Hyakutake* (6b), con una fisura final que aún hoy no deja indiferente.

Por su parte, la vía *Scopaesthesia* (6b+), que transcurre paralela a la *Cíclope*, surgió cuando su amigo Uge estaba repitiendo la *Cíclope* y tuvo esa sensación que describe el nombre con el que posteriormente bautizó la ruta, tras abrirla al poco tiempo con Galo. Os ahorro mirarlo en el diccionario: "Scopaesthesia" en inglés, o "Escopaestesia" en castellano, es un supuesto fenómeno según el cual las personas son capaces de detectar de forma "extrasensorial" si están siendo miradas fijamente.

Antes de pasar a la siguiente aguja, reproducimos una última petición de Loren: «Me gustaría que se respetara la sierra, pues no todo el mundo lo hace. Que recordemos que aquí estamos de prestado, pues gran parte de los accesos pasan por fincas particulares en las que hasta ahora no nos han puesto trabas, pero es importante que tengamos cuidado y respeto para seguir disfrutando de esta sierra sin problemas». ■

FOTOS: UGE GARCÍA

CANCHO GORDO *vía Traya*

Reconocible risco por su gran techo, muros lisos y diedros

perfectos que ofrecen retos para las nuevas generaciones.

La vía seleccionada, a cargo del veterano **Andrés Moreno**,

refleja la evolución de la escalada en la serranía.

Curro González durante la libreración de la Traya», en el tercer largo, para el que propuso 7a+ en libre (expo). Arriba, Andrés Moreno en la Norte del Pajarito.

UBICADA en las estribaciones de las Agujas de Valdemanco, el Cancho Gordo es una formación rocosa de paredes verticales y llamativos colores que resalta sobre las agujas circundantes, conocida sobre todo por sus líneas de artificial. Muy probablemente la primera vía del risco fue la *Repiso*, de los años setenta, que durante un tiempo cayó en el olvido pero fue después recuperada y trabajada para su escalada en libre por Joaquín Gracia (otro de los trabajadores valiosos de la zona centro), quien convirtió el A1 del segundo largo en 6b. El primer largo se resiste todavía a la liberación completa, aunque quienes la han probado aseguran que no baja del 7c.

Ya en los ochenta, Fernando Negro y compañeros abrieron en artificial la *Quebrantahuesos* y, en 1987, de nuevo Fernando con su hemano Luis y con el local Raúl Redondo añadieron una variante de salida a la izquierda, por el diedro que recorre el techo, a la que llamaron *Comadreja Free* (A2). La más famosa de la pared se une por debajo a esta variante y recorre en horizontal el hongo de la pared: la vía *Yatra* (A2), por los hermanos Alejandro y Juan Luis Salcedo con Vicente Sánchez en 2002.

Posteriormente se han ido añadiendo otras rutas, sobre todo por el lado derecho, como la vía *Traya* que seleccionamos aquí. Uno de sus aperturistas, Andrés Moreno (con Uge García y David Jaramillo), explica que «el nombre de la vía viene simplemente del cambio de sílabas de su vecina *Yatra*, con el componente de un artificial un poco más complicado».

Andrés es otro de los escaladores de largo recorrido, que empezó en los años 70 y

Cancho Gordo. Cara sur.
1. Traya (7a+ o 6a/A2)

A. El laberinto (6c/A0 o 7c?). **B.** Diedro verde (6c+). **C.** Repiso (6b+/A1). **D.** Quebrantahuesos (Ae/V+). **E.** Comadreja Free (A2/6c). **F.** Darsan, la revelación (Ae/V). **G.** Yatra (V+/A2). **H.** Sin datos (?). **I.** Los tentáculos de la mafia (6a). **J.** ¡Joder Manolete, si no sabes...! (6b+ o 6a/A1)

aún sigue dándole cuando puede: «Sobre todo me gusta perderme por la zona de las agujas, que no tienen tanto bullicio como el Pico de la Miel», comenta. Ha sido testigo y parte de la evolución, abriendo rutas y recuperando otras del olvido, experimentando «un cambio de generación y materiales que se refleja en las vías más comprometidas, sobre todo en las agujas, con sus fisuras más espectaculares».

La *Traya* ha sido liberada recientemente por Curro González, quien explica: «Las graduaciones (como en todas primeras repeticiones) son provisionales, y estaré encantado de que me las decotéis, pero, para evitar sustos innecesarios, de momento tened estas de referencia. Solo recordaros que es una ruta que fue abierta en artificial y que en muchas ocasiones corre el aire entre seguros no del todo fiables». ∎

Cancho Gordo

Aproximación: partimos desde el aparcamiento del convento de San Antonio (GPS: 40.868389, -3.638361) tomamos el empinado camino que parte desde la zona izquierda de la muralla, evidente y marcado. Pasaremos entre los riscos del Pajarito y de la Ladera hasta llegar a la cumbrera de la sierra; desde allí, con tendencia a izquierda, buscaremos un pequeño collado que nos ofrece unas vistas espectaculares del Cancho Gordo. Desde aquí, acceso evidente a pie de vía. En total de 50 a 60 min.

Orientación: Oeste.

Regulación: risco regulado, no escalar del 1 de enero al 31 de julio.

Otras vías: en este risco tenemos variedad de vías. Quienes busquen dificultad la pueden encontrar en la *Repiso* (7c?) o en la vecina Punta Meñique. También quedan cerca los riscos mencionados en la aproximación.

1. Vía Traya
(80 m, 7a+ o 6a/A2)

Itinerario: la primera reunión se monta en unos evidentes cuernos de roca, a reforzar si os place con friends grandes #4 o #3. Sigue una fisura de generosos agarres. La escalada, a excepción de una pequeña zona en el primer largo, transcurre por roca excepcional, pero no está de más recordar que hay agarres netos que podrían romper, sobre todo en el segundo largo, que es un precioso muro de escalada técnica y laboriosa protección. El tercer largo no es fácil y no es conveniente caerse.

Material: 10 cintas y un juego completo de friends y micros. Si se opta por repetirla en artificial, rogamos no utilizar clavos para no deteriorar la roca.

Descenso: se puede descender en uno o dos rápeles por la vía.

ATISBADERO *vía Aquiles*
Y AGUJA DE VENUS
vía Pericles

*Casi en lo alto del cordal se ubican estas agujas desde las que es posible "atisbar" otros riscos cercanos, como el Cancho de la Bola o el Castillo, que dejamos en el camino de subida. Destacamos dos de sus itinerarios, que llevan la firma de **Fernando Cobo**.*

6a+,A1/6c+

R2

R1

6a/a+

F ERNANDO Cobo, aperturista de la vía *Pericles* de la Aguja de Venus en los años 80, nos cuenta sobre esa primera ascensión: «Recuerdo que la empecé a abrir con un buen amigo, Pedro González. Era un día de perros, así que abrimos lo que pudimos y nos marchamos a humedecer las gargantas con buena cerveza. Meses más tarde volví, no recuerdo con quién, y terminamos de abrir el primer largo y el segundo completo. Llevaba una línea de bautizar las vías que abría en La Cabrera con nombres de héroes de la mitología griega. De ahí el nombre *Pericles*, ya que además me apetecía dedicársela a mi amigo Pedro, con quien empecé la vía».

Ya en los años ochenta Fernando era un destacado escalador –especialmente conocido por sus aperturas extremas en Riglos, además de haber sido el primer español, junto a Tito Sánchez, en escalar el Cero Torre en 1985. La sierra de La Cabrera forma parte de sus "escuelas locales" y lleva recorriéndola y subiéndose

Risco Atisbadero. Vía Aquiles (6a+/A1 o 6c).

1ª ascensión: Fernando Cobo, Marc Furel y Pedro González.

Itinerario: el primer largo es básicamente fisura con entrada en placa (6a+). El segundo empieza en un muro, a la derecha de la reunión, y coge un diedro que empieza en un techo fisurado en el ala sureste.

Material: 1 juego de Totems (rojo y naranja repetidos) + Camalot 3 y 4 (la vía se abrió sin el Camalot nº 5 pero, si lo llevas, probablemente lo pondrás en el L1).

Descenso: dos rápeles de 40 y 30 m. También se puede bajar andando por el lado que da al collado de Alfrecho.

Otras vías recomendables en el risco: cualquiera de la cara Oeste, especialmente la clásica *Parafina* (6a).

Risco
Atisbadero

Aguja
Venus

.FERNANDO COBO

Atisbadero y Aguja Venus

Aproximación: Desde el parking (GPS: 40.872361, -3.629611), coger el camino al collado de Alfrecho y Cancho Gordo. Unos cien metros antes del collado llegamos a la Aguja de Venus. Si seguimos por el camino, un poco antes de llegar al collado giramos a la derecha en dirección al último risco, que es el Atisbadero. Unos 30-40 min.

Orientación: Sur (Venus) y Oeste - Suroeste (Atisbadero).

Regulación: riscos sin regulación activa.

Riscos cercanos: el Perfil de Baco, el Castillo y el resto de riscos de ese cordal.

por sus riscos desde que tuvo su primera experiencia aquí con unos 15 años: «Fui con mi amigo Luis Miguel en autobús. Recuerdo que hicimos varios vivacs en una cueva, con una comadreja que se hizo amiga nuestra, o al menos venía todas las noches a robarnos comida».

En esa tierna edad tuvo la que recuerda como su experiencia más inolvidable en La Cabrera: «Fue en la *Cobo* al Pico de la Miel. Creo que fue la segunda vía que abrí en mi vida, a la edad de 17 o 18 años, con botas duras, etc. Abriendo el tercer largo de la vía, había que subirse a un gendarme separado de la pared y, desde él, entrar a un muro. Yo no puse

Izquierda, Marc Furel en la *Aquiles* del Atisbadero, a mediados de los 80.

**Risco Atisbadero.
Cara oeste / suroeste.**

1. **Exit** (6a+).
2. **Powereim Trad I** (L1 6a+; L2 6b+).
3. **Cancer** (L1 6a+; L2 6a+).
4. **Coscorrón** (L1 6b; L2 6c).
5. **Viento de invierno** (L1 6b; L2 6b/A1).
6. **Parafina** (L1 6a; L2 6a).
7. **Aquiles** (L1 6a+; L2 6a+/A1 o 6c+).

UGE GARCÍA

R2

6a+

R1

6b/b+

Vagina de Venus

Aguja de Venus. Vía Pericles (70 m, 6b).

1ª ascensión: Fernando Cobo, Marc Furel y Pedro González.

Itinerario: empezamos con un paso raro para alcanzar una fisura de dedos (semi-diedro), al final un tramo tipo offwidth. El segundo largo se inicia en un desplome con buenos agarres, seguimos progresando hasta llegar a una placa asegurada con un parabolt y al final bordeamos por la derecha, para volver a izquierda, con un paso un poco psicológico.

Material: 1 juego de Totem, 1 Camalot nº 3, 1 juego de fisureros.

Descenso: 2 rápeles de 30 metros, o caminando por la canal izquierda.

Otras vías recomendables en el risco: Vagina de Venus (6a+).

COL. FERNANDO COBO

ROBERTO ALBORNOZ

ningún seguro por lo que, en caso de caída, caería contra el filo cortante del gendarme. Empecé a subir, me perecía fácil; iba emocionado y bajé la guardia y al final del muro se me partió una presa y volé. Yo sabía que iba a ser un accidente muy serio, como mínimo de hospital. En plena caída, vi pasar delante de mi vista una presa del muro, lancé mi mano derecha y cuál fue mi sorpresa cuando me vi colgando del brazo. El espíritu de supervivencia y mi buena forma física me ayudaron a evitar ir al hospital o, peor aún, al hoyo».

Sobre cómo descubrió tanto la Aguja de Venus como su vecino Atisbadero, donde abrió la *Aquiles*, explica: «Cuando uno ya ha escalado todas las vías del Pico de la Miel y repetido múltiples veces muchas de ellas, te adentras en los laberintos de La Cabrera con el afán de descubrir otros rincones. En una de estas incursiones descubrí ambos riscos, que están juntos y ofrecían la posibilidad de escalar nuevas líneas en ellos».

Aunque acostumbrado a paredes y montañas más grandes, Fernando no menosprecia las oportunidades que ofrecen estas agujas, donde se formó de joven y a la que ha regresado a escalar en los últimos tiempos: «Para los que vivimos en Madrid y nos gusta escalar es una bendición tener esta pequeña serranía cerca de nosotros, ya que además de un granito de relieves muy variados, placas, muros, techos, fisuras, etc., nos permite desarrollar técnica de autoprotección».

En todos los años que lleva frecuentando sus vías, ha podido vivir de cerca y ser partícipe de la evolución de la zona; al preguntarle por los referentes, cita: «En mis tiempos jóvenes, recuerdo al Trompeta, Wimbor, Musgaño, etc. Aunque Carlos Salcedo, Gustavo Cuevas, etc, creo que dieron paso a la escalada en las agujas abriendo muchos de los itinerarios existentes. Hoy creo que los referentes en La Cabrera son Uge García y Curro Gonzales. Además de sus continuas escaladas, están haciendo una gran labor de divulgación de esta zona».

Sigue escalando aquí siempre que puede, «y espero que me duren las ganas mucho tiempo» afirma motivado, aunque, puestos a pedir, a La Cabrera «le quitaría el musgo y le pondría más metros». ∎

Arriba, Fernando disfrutando de la escalada en el Pico de la Miel hace unos años; debajo, Eva en el L1 de la *Pericles* a la Aguja de Venus.

FORTALEZA, CANCHO DEL RAYO, ALQUIMISTAS Y AGUJA DE SOLANO

Selección de escaladas

*Incansable creador de líneas, **Gabi Martín** nos ofrece aquí una pequeña muestra de las múltiples posibilidades que ofrecen las agujas, que lleva siendo su patio de recreo desde hace muchos años. Atención a las regulaciones en estos riscos.*

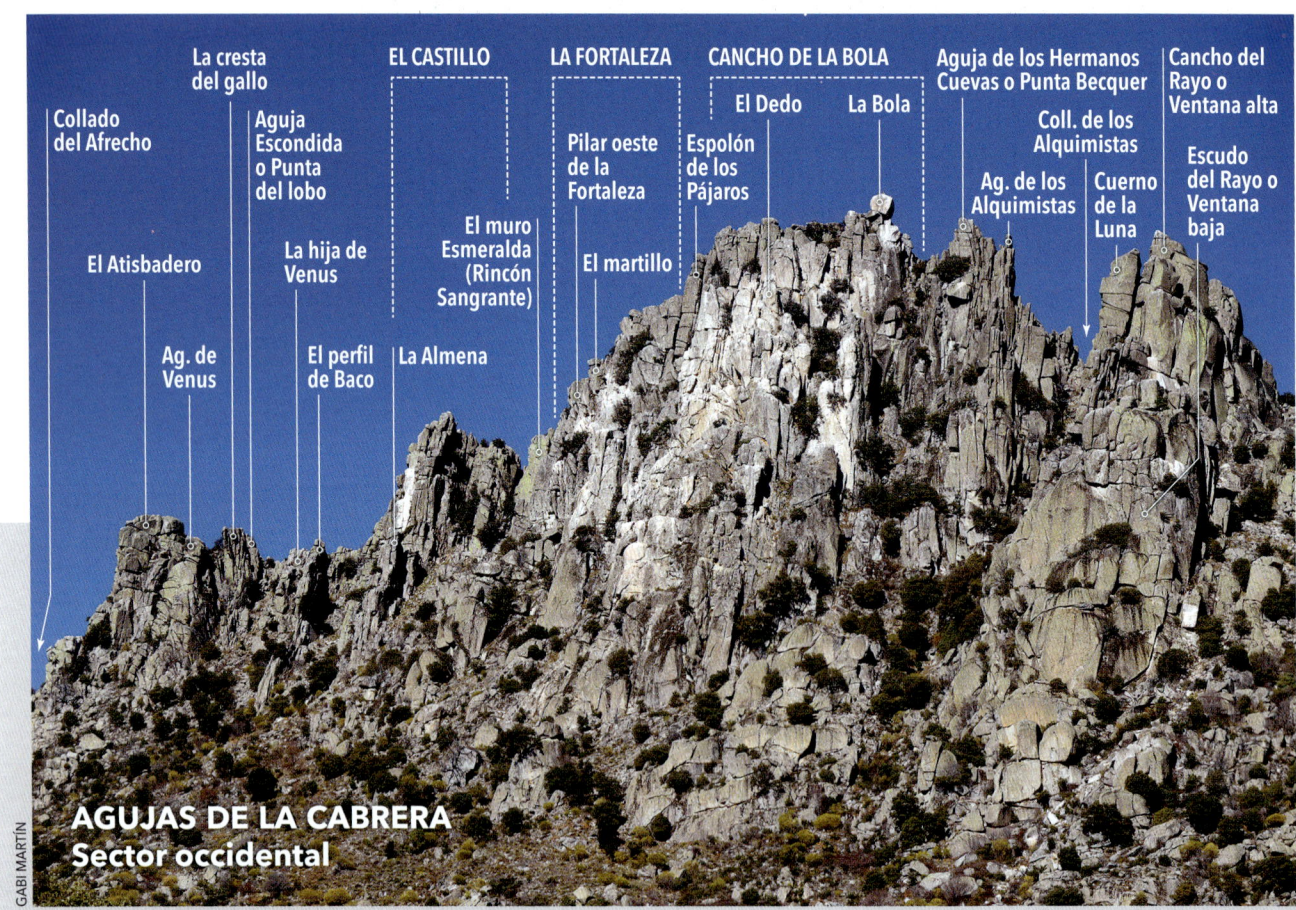

La cresta del gallo

EL CASTILLO

LA FORTALEZA

CANCHO DE LA BOLA

Aguja de los Hermanos Cuevas o Punta Becquer

Cancho del Rayo o Ventana alta

Collado del Afrecho

Aguja Escondida o Punta del lobo

El Dedo

La Bola

Coll. de los Alquimistas

El Atisbadero

La hija de Venus

Pilar oeste de la Fortaleza

Espolón de los Pájaros

Ag. de los Alquimistas

Cuerno de la Luna

Escudo del Rayo o Ventana baja

El muro Esmeralda (Rincón Sangrante)

El martillo

Ag. de Venus

El perfil de Baco

La Almena

GABI MARTÍN

AGUJAS DE LA CABRERA
Sector occidental

Fortaleza, Alquimistas, Cancho del Rayo y Solano

Aproximación: dejar el vehículo en el aparcamiento del inicio de la pista que sube al convento (GPS parking: 40.872361, -3.629611). Tomar la pista que sube al collado Alfrecho, marcada con unos hitos. Tras unos 20-30 minutos de subida, antes de llegar al collado Alfrecho, veremos un hito a la derecha, en una curva terrosa. Desde aquí sale un camino que, entre jaras, pasa por debajo de los riscos Atisbadero y Aguja de Venus, y se dirige al contrafuerte rocoso en el que encontraremos en primer lugar El Castillo (y debajo La Almena), a continuación **La Fortaleza** y el característico Cancho de la Bola. Unos 45 min.

GABI MARTÍN

SOBRE sus inicios en la serranía, cuando tenía unos 16 años, Gabi nos cuenta: «La primera vez que fui a La Cabrera sería en el año 75 o 76. Íbamos con los amigos del club de montaña de mi barrio, El Fraucata, de Orcasitas, y allí íbamos todos en el autobús, que al principio nos dejaba donde estaba la fábrica de agua, que ya ni existe». Se dedicaron a hacer las clásicas que existían por entonces: *Piloto, Ezequiel, Rivas* y las primeras repeticiones de las que fueron abriendo después, como del *Espolón Manolín*, la *Guirles...*

En la siguiente década ya empezó a abrir alguna vía en la zona, junto a Jaime Garrigós (tristemente fallecido recientemente) y a Joaquín Colorado, como la *Fisuras Polares* o la *Guadarrama*, ambas en el Pajarito y, con los mismos compañeros, otra *Guadarrama* y la *Directa Guadarrama* en el Cancho del Rayo, que son precisamente algunas de las que ha seleccionado para este artículo. En los noventa, ya con coche propio, venían sobre todo entre semana, exprimiendo el día al máximo: «Salíamos pronto de trabajar y aprovechábamos para ir a La Cabrera y escalar por la tarde». Recuerda también entre sus compañeros de esos años a "Carlitos" de Caño Roto, con quien abrió vías por ejemplo en el Cancho de la Luna, «en una zona de fisuras que había en la cara Este que nos volvimos locos cuando lo descubrimos». Y también a Gustavo Cuevas, quien le mostró riscos como

Para ir a la **Aguja de los Alquimistas** hay que bordear el contrafuerte por la base de las paredes y subir por la canal hasta encontrar la aguja a la izquierda.

Para el Cancho del Rayo y el **Cuerno de la Luna** iniciamos por el mismo camino que va hacia el collado Alfrecho y no tomamos ningún desvío, sino que seguimos hasta el mismo collado. Una vez arriba, seguir el camino que bordea por detrás los riscos. Pasaremos el Cancho de la Bola y la aguja de los Alquimistas, para inmediatamente bajar por la canal que hay entre los Alquimistas y el Cancho del Rayo, hasta el pie de vía. Se ve el característico dedo del Cuerno de la Luna desde el collado. Aproximadamente 1 hora desde el aparcamiento.

Para la **Aguja de Solano,** también hay que seguir hasta el Collado Alfrecho y tomar el camino que recorre las agujas por detrás. Pasamos de largo Alquimistas y el Cancho del Rayo, y más adelante encontraremos un camino marcado que atraviesa unas losas de piedra y va descendiendo hasta llegar a la característica aguja. Tardaremos algo más de una hora desde el aparcamiento.

REGULACIÓN: Excepto para la Aguja de Solano (sin regulaciones activas), el resto de los riscos están sujetos a regulación por nidificación. No está permitida la escalada entre los meses de enero a julio, ambos incluidos.

David Calvo en el primer largo (6a) de la *Vía Josemi* al risco de La Fortaleza, abierta a principios de los 80 por José Miguel Cuevas.

los Alquimistas o el Cancho de la Bola, entre otros, y con quien sigue compartiendo cuerda de vez en cuando, además de con otros compañeros habituales, como David Calvo "Jonchu".

Gabi es consciente de la suerte que tuvo al encontrar mucho terreno virgen para dar rienda suelta a su gran pasión, que es la de encontrar nuevas líneas por las que subirse, a ser posible fisuras en libre. Le brillan los ojos al nombrar los riscos, como si fueran sus tesoros, y ante la pregunta de cuál es su favorito no acaba de decidirse: «Es que hay varios... Muchas

Abajo, Gabi Martín en el L2 (6b+) de la *Raúl Redondo* a la Torre Michel Dumont, otra recomendable escalada (también regulada de enero a julio). Abajo, Ángel Luis Pérez escalando por el filo de la Aguja de Solano.

R2
50m
6b
6b+
R2
R3
6c
6a
6b
IV
IV
R2
V
IV
2
3
V+
R1
6a
V+
6a+
V+
6a
R1
50m
6b
2
3
IV
1
R0
50m
III
El Martillo
Pilar este
Pilar oeste

GABI MARTÍN

La Fortaleza. Pilar este.

1. Vía Josemi (100 m, 6c).

2. Esto no puede terminar bien (100 m, 6b).

3. Los muertos no mueren (100 m, 6b).

Vías recuperadas o abiertas por Marc Fuvel y Gabi Martín.

Material: para las tres vías necesitaremos un juego de Totems y Camalots hasta el nº 4. Reuniones equipadas con parabolt de 12 mm.

Itinerarios: recomendables vías que surcan en dos largos el imponente muro rocoso del Pilar Este de la Fortaleza, de dificultad similar, con algún tramo más exigente.

Descenso: dos rápeles ¡de 50 metros! Hay que escalar con cuerda doble.

Orientación: Sur.

DAVID CALVO

DAVID CALVO

agujas muy buenas, que para mí son mucho mejores que el Pico de la Miel no solo por el ambiente más salvaje, con menos ruido... También por la calidad de las vías, pues algunas tienen líneas espectaculares». Entre ellas menciona vías como la que dedicó a Raúl Redondo en la Torre Michelle Dumont, o las que abrió con Juan Carlos Calder "Cachi" en la Punta Reventona o Aguja de Solano.

Aguja de los Alquimistas

Orientación: Sur.

Descenso: dede la antecima hacer un primer rápel (30 m) y después otro de 40 m hasta la canal. Destrepara un poco hasta enoncontrar una última instalación de rápel (30 m).

1. Alquimia de amor
(150 m, 6b).

1ª ascensión: Gustavo Cuevas y Julio Colomas a finales de los 70.

Gran clásica que ha sido limpiada y restaurada, pero es necesario que sea escalada con frecuencia para que no vuelva a caer en el olvido.
Material: juego de friends hasta el nº 6.

2. Buitre Buitaker (150 m, 6c).

1ª asc: Gustavo Cuevas, Pedro Vara, Jorge Lozano, David Calvo y Gabriel Martín.

Vía que se puede realizar con alguna variante que evita los tramos más duros. A destacar la fisura de empotramientos de manos del segundo largo (6b).
Material: juego completo de friends hasta el nº 4, con el 3 repetido.

3. Outlanders (150 m, 6c).

1ª ascensión: Gustavo Cuevas, Marc Fuvel y Gabriel Martín.

Probablemente la mejor y más exigente del risco, con tres tramos de 6c duros. El primer y segundo largos están completamente limpios. El L3 es una perfecta fisura en la que también hay que apretar.

En el L4, que se escala en bavaresa, más vale llevar buena reserva de brazos.
Material: juego de Camalots del nº 0.5 al 5 (llevar repetidos del 0.75 al 3).

A. Greenland (6a/A2).
B. Viejos roqueros (6a+/A0).
C. Cuevas/Coloma (6b, sucia).
D. Mini-yo (V+).
E. Odin (6c).
F. Thor (6c).
G. Freya (6b).

Durante mucho tiempo se ha dedicado sobre todo a recuperar y limpiar vías antiguas, como las abiertas por sus amigos Gustavo y José Miguel Cuevas, que estaban cubiertas de musgo por su escasez de repeticiones: «Es importante que las vías se sigan escalando, para que no se echen a perder», reclama. También ha invertido horas en acondicionar caminos y pies de vía, así como a equipar posibles líneas escalables, muchas de ellas incógnitas pendientes de liberar, como las de la Aguja de Solano que nos presenta en estas páginas.

Su estilo de apertura es inequívoco: sin equipar por donde se pueda proteger con material flotante y las reuniones siempre equipadas. «Creo que equipar las reuniones es una medida de seguridad importante, te ahorra tiempo a la hora de bajar ante cualquier accidente que pueda ocurrir. No creo que quite compromiso a la vía como dicen algunos. Los largos se pueden dejar obligados, con seguros distanciados, pero las reuniones que sean fiables».

Escalando en La Cabrera ha sido donde Gabi ha vivido una de las peores expe-

GABI MARTÍN

Cancho del Rayo y Cuerno de la Luna
Orientación: Sur

1. Vía del Jonchu (80 m, 7a).
1ª ascensión: Alfonso Burdiel y Gabi Martín.

Vía semiequipada que transcurre por un muro fisurado en el primer largo, e incluye una espectacular y técnica placa en el segundo largo, con pasos obligados, con una laja final que se puede proteger con algún friend pequeño.
Material: un juego de friends y microfriends.
Descenso: en un rápel desde la cumbre (¡40 m!), que nos deja en el pie de vía.

2. Vía Guadarrama y variantes (120 m, 6b).
1ª ascensión: Gustavo Cuevas, Jaime Garrigós, Ángeles Nieves y Gabriel Martín.

Clásica vía de los años 70 de la que se han ido abriendo variantes en las sucesivas repeticiones. Una de las más recomendables es la Directa Guadarrama (abierta por Juan Carlos Cardero y Gabriel Martín), que incluye un diedro de 6b por un muro blanco liso protegido con algún clavo, en el que no hay que despistarse.
Material: un juego de friends y microfriends.
Descenso: rápel hacia el pie del cuerno de la luna (atención: 40 m, llevar cuerda doble), destrepar por la canal hasta encontrar otro rápel (30 m) que nos deja al pie del risco.

A. El columpio de Zeus (7a).
B. Vía del doctor Arias (6b).
C. Vía Martín/Maraude (6b+).
D. La barra del bar (6b+).
E. Vía de la cara oeste (6a).
F. Espolón Escorpión (100 m, 6a).
G. Directa Gustavo Cuevas (6c).
H. Brujo- Aeronauta (7a).
I. Variante de las placas (6a+).
J. Vía de la cara sur (6a).
K. Directa Guadarrama (6b).

riencias de su vida, y es que, escalando la *Guadarrama* del Pajarito, sufrió un infarto en mitad de la vía. Solo la rápida actuación de sus compañeros y del equipo de emergencia del GERA que le sacaron de allí en helicóptero, consiguieron que ahora nos lo esté contando. Fue hace unos cuatro años y, por suerte, quedó en un susto del que ya está recuperado.

No le faltan tampoco anécdotas divertidas en este escenario, como aquel día «que fui a impartir un curso de escalada en pared y, cuando llegué, me di cuenta que me había olvidado el arnés, así que tuve que ti-rar con un arnés de fortuna hecha con cintas». Recursos nunca le han faltado.

Son muchos años –décadas– vistando con frecuencia La Cabrera, aunque también Gredos (es autor de las guías de escalada de referencia de Villarejo y El Torozo) y otras zonas tanto cercanas como más lejanas. Si hay algo que, si pudiera, le quitaría a este lugar es, evidentemente, la autopista, pero también «las motos que suben por los caminos, molestando. Está prohibido, pero aún así suben».

Y al pedirle una recomendación para la gente que quiera venir a escalar a La

DAVID CALVO

Derecha, en la gran placa (7a) de la *Vía del Jonchu,* en la cara sur del Cuerno de la Luna. Abajo, Javier García en la exigente bavaresa (6c+) del primer largo de la vía *Cachi* a la Aguja de Solano o Punta Reventona.

Cabrera, Gabi lo tiene claro: «Que se pierdan por los caminos, van a ver las maravillas que hay, tanto de vías de varios largos como vías de 15 o 20 metros espectaculares».

En su poder tiene cientos de vías y de información recopilada y no descarta publicar una futura guía de la zona. Su lugar de recreo más frecuentado en los últimos años ha sido la mole rocosa en la que se encuentran los riscos de El Castillo, La Almenara, La Fortaleza, el Cancho de la Bola, la Aguja de los Alquimistas y el Cancho del Rayo, de las que se conoce prácticamente todas las variantes. También de la más apartada Aguja de Solano o la aún más lejana Torre Michelle Dumont, que igualmente cuenta con vías que, asegura, «son de primera calidad».

Pero el espacio es limitado y, de entre la selección de escaladas que nos ha enviado, no nos ha quedado más remedio que dejar fuera unas cuantas. Con esta muestra que ofrecemos en estas páginas esperamos incentivar las ganas de seguir explorando las muchas posibilidades para el disfrute y el reto que guardan las agujas. ■

DAVID CALVO

GABI MARTÍN

Aguja de Solano o Punta Reventona

Orientación: Oeste

Regulación: risco sin regulaciones activas.

Descenso: rápel desde la cumbre (30 m) hacia el espaldar y luego destrepe evidente.

Otras vías en el risco: la cara Sur cuenta con muchas y buenas opciones de distintos niveles, con vías como *La extremeña* (80 m, 7a+), *The Outsiders* (80 m, 6b), así como las más clásicas *Cuevas/Santamaría* o *Vía del Gran Diedro,* entre otras.

1. Vía del Cachi (60 m, 7b).

Exigente línea con un primer largo de fisura canalizo sin equipar (con un pequeño desplome 6c+) y un segundo largo equipado con parabolts, de escalada sobre regleta por un muro semidesplomado. Se puede unir el segundo largo de la *Vía del Cachi* con el primer largo de la vía del *Gran diedro* en un solo largo (7b).

Material: friends medianos hasta el nº 4.

A la derecha de esta, por todo el espolón, transcurre otra línea de chapas muy exigente y con pocos seguros; escalada técnica y plaquera.

2. Los espejismos del Fénix (60 m, 8a?).

1ª ascensión: David Calvo y Gabi Martín.

Reto para los más ambiciosos pendiente de encadenar (aunque están resueltos todos los pasos por separado, de ahí la propuesta de grado). El primer largo es una placa técnica con regletas y escalada de equilibrio y el segundo transcurre por un diedro ciego desplomado que te pone en tu sitio.

Material: 10 cintas exprés.

A. Nadie nace enseñao (6a).
B. Super Cris (6a).
C. El retorno del Fénix (6b).
D. Gran diedro o de la cara oeste (6b/6b+).

CANCHO DE LA BOLA
Espolón de los Pájaros

*El característico espolón suroeste que va superando los dados de roca del Cancho de la Bola, con bonitos muros fisurados, es una de las –muchas– creaciones que **Gustavo Cuevas** dejó en las agujas en los pioneros años setenta y ochenta. Otro de los nombres imprescindibles.*

POCOS saben que las vías Bécquer que se encuentran en diversos riscos de La Cabrera se llaman así porque su aperturista, Gustavo Cuevas, es un descendiente lejano del conocido poeta romántico con quien además comparte el nombre, Gustavo Adolfo Bécquer. Figura imprescindible, no se podría entender los inicios de la escalada en La Cabrera sin tener en cuenta las aportaciones de Gustavo.

Le entrevistamos en su domicilio, en un pueblo de la sierra madrileña, donde comprobamos su buena memoria y la vitalidad que mantiene a los 76 años: «Sigo escalando, aunque hace unos años que ya suelo ir de segundo y con amigos más jóvenes», nos dice con una sonrisa.

Todo empezó 60 años antes, en 1965, cuando Gustavo tenía 16 años y se inició en la escalada «de mano de un gran maestro que era Jesús Enriquez, muy buen escalador». Lo conoció en Arenas de San Pedro, donde Gustavo solía veranear, y no tardó en llevarlo primero a la cercana zona de roca de Ceubia a aprender y poco después a las agujas de Galayos. Junto a Víctor Morcón, hizo su primera escalada importante por la vía *Normal* del Gran Galayo, que les metió el gusanillo y ya no pararon más, tanto por Gredos como por la Pedriza y otros lugares.

Fue en Galayos donde, con solo 18 años, vivió uno de sus peores episodios como escalador: «En una Semana Santa, que hacía muy mal tiempo, justo abrió una ventana y salimos todos ansiosos a escalar. Yo había visto una línea que quería abrir en el Risco del Cuervo, que quizá ahora tiene otro nombre, y me metí en solitario con una cuerda de 30 metros, de esas malas de ejército que había al principio, con tres tacos de madera y tres clavos de la tienda de Pedro Gómez, y recuerdo que Gerardo Blázquez me prestó un par de estribos». Sin conocer muy bien la técnica del autoaseguramiento, consiguió abrir un largo, pero al segundo, con la roca mojada, se cayó y arrancó todo,

FOTOS: COL. GUSTAVO CUEVAS

EVA MARTOS

aterrizando en el suelo entre bloques. El casco y la suerte le salvaron de aquella y, entre todos los amigos, pudieron sacale de allí. En cuanto pudo volvió a las rocas, aunque reconoce que «aquello me influyó en adelante a ser más prudente y evitar las caídas».

El inductor de que Gustavo fuera a La Cabrera por primera vez fue su amigo César Casquet, su compañero de cordada habitual en los primeros años, junto a Juan Vivanco. En 1969 César le habló de una «preciosa aguja por la zona de Valdemanco que no tiene ninguna vía y merece la pena ir a visitar». Así que allí que fueron, a una aguja que no tenía ni nombre, a la que posteriormente llamaron Punta Laura en honor a la novia del propio Cé-

sar. «Fuimos César, Juan y yo y abrimos la primera vía de la aguja con los medios precarios que teníamos entonces, pero sí que llevábamos clavos de todo tipo (universales, pitonisas, tacos de madera y todo lo necesario)». Fue la primera *Bécquer/Casquet/Vivanco* de la serranía, y no sería la última. Posteriormente ha ido a escalarla en repetidas ocasiones y aún hoy le parece una vía recomendable y bonita, «con un paso en un pequeño desplome que todavía conserva un par de clavos de cuando la abrimos, al menos la última vez que la hice allí estaban; y una placa preciosa por arriba en la que pusimos un par de buriles, que ya más adelante sustituimos por parabolts». Y es que Gustavo no ha dejado de regresar y participar en la

A la izquierda, Jaime Garrigós en el *Espolón de los Pájaros* y sobre estas líneas Gustavo en esta misma vía. Arriba, foto histórica de Gustavo durante la primera ascensión de la Punta Laura (1969), y retrato durante la entrevista, mostrando una foto de su escalada a la *Rabadá/Navarro* del Urriellu (1980).

evolución de la escalada en la serranía. «En todas las vías que abrimos en aquellos primeros años les poníamos nuestros apellidos, como era costumbre en esa época, luego ya las bautizamos con otros nombres en épocas más recientes». Las abrían con las cletas y muchas veces tirando de estribos, pero siempre desde abajo y con la filosofía de subir en libre hasta donde se

COL. DAVID CALVO

pudiera: «Posteriormente muchos de los pasos que abrimos en artificial los hemos forzado en libre nosotros mismos. Lo que ni se nos ocurría es poner la cuerda por arriba y descolgarnos para abrir las vías; no es que estuviera mal visto, es que en esos años era algo que ni pensábamos. Siempre de abajo a arriba y lo que nos enconcontrásemos, a la aventura». Eso sí, caerse siempre lo menos posible: «Como escalador antiguo que soy, nunca he querido caerme; es algo que teníamos prohibido y que yo he seguido manteniendo».

Entre sus vías de principios de los setenta hay otras dos de renombre en la Aguja de los Tres Amigos: la *Bécquer-Casquet-Vivanco* (hoy normalmente llamada solo *Bécquer*, forzada en libre por Palan Martín hasta el 8a+); y algo después la fisura contigua *Becquer-Pérez*, posteriormente renombrada a la emblemática *Metamofosis* cuando Musgaño la liberó en 1979, que Gustavo abrió con José Antonio Pérez "Parafina" en 1972.

En esos años también tuvo una intensa actividad por otras montañas, especialmente de los Pirineos, donde iban siempre que podían. Incluso en el año 72 fue por primera vez a Los Alpes e hicieron escaladas notables. Más tarde tuvo un parón en su desarrollo como escalador en el 74, cuando se fue a vivir a Canadá por los estudios, donde combinó la Química con la Fotografía, dedicándose laboralmente a esta

última, especialmente a la fotografía de prensa, en la que ha trabajado unos 40 años. Las paredes de su casa, decoradas con impactantes imágenes de África y otros lugares, además de fotos de sus escaladas – como su repetición a la *Rabadá/Navarra* del Urriello en 1980– sostienen su pasado.

Entre otras montañas guarda en su memoria el Monte Kenya, donde hizo la primera nacional al *Espolón Shipton*, así como aventuras con su hermano José Miguel, que fue el primer español que subió a un pico de más de 7000 metros, el Noshaq en el Hindu Kush en 1974, tras llegar en un coche desde España con los medios justos, sin ningún tipo de subvención, junto a Antonio Alsina y Luis Blanco 'Nano'.

A finales de los 70 ya tenían sus primeros pies de gato, y también los primeros excéntricos, que habían conseguido en un viaje a Londres. «Pero los primeros pies de gato, que no tenían goma cocida, en realidad te hacían polvo los pies y no te daban una gran ventaja. En muchas escaladas empezábamos con ellos pero luego no los soportábamos y acabábamos poniéndonos las botas, que en general eran las "Acuña" que fabricaban a medida en una tienda en Madrid, y después los Super Guide de Galibier».

Volviendo a La Cabrera, participó en primeras ascensiones a otras agujas vírgenes como la Michelle Dumont con Carlos Salcedo, el Puro de la Cabrera con Luis Santamaría y la Aguja de los Alqui-

mistas. Supera la veintena de aperturas en distintas agujas entre finales de los 60 y mediados de los 80, con vías como *La Vagina de Venus* (Aguja de Venus), la *Parafina* (Atisbadero), *Sol de Marzo* (Michelle Dumont), *Vía del Espolón* (Cancho del Rayo), *Silvia* (Perfil de Baco), *Los patinadores del musgo* o la *Navidad* (El Castillo) o *La Guarra de las Galaxias* (Almena del Castillo).

Entre todas ellas, una de sus favoritas es *El espolón de los pájaros* que recorre el pilar Sur del Cancho de la Bola. La abrió el 23 de mayo de 1969 con César Casquet, y nos cuenta: «Nos pareció interesante esa serie de torres que presentaba; si la miras desde Cancho Gordo se ve un espolón que llama mucho la atención. Conseguimos abrirla en el día y la llamamos así porque por allí había un montón de pájaros pequeños sobrevolando por la zona». Recuerda especialmente un movimiento audaz que tuvo que hacer: «En uno de los dados de roca de la parte superior metí un taco de madera y no había forma de proteger con ninguna otra cosa. Desde allí salí como pude, jugándome el tipo, hasta mucho más arriba que ya pude poner un clavo. Para mí fue la dificultad máxima que había hecho nunca, pero para entonces no nos atrevíamos a graduar nada más de "Vº superior"». Hoy en día, ya reequipada, es un tramo de 6b.

En el Cancho de la Bola en los ochenta dibujó otras vías como el *Gran Espolón Central*, *El Vendedor de Alfombras*, la *Auste-*

COL. GUSTAVO CUEVAS

La Bola

Cancho de la Bola

Aproximación: desde el aparcamiento del inicio de la pista que sube al convento, tomar la pista que sube al collado Alfrecho. Antes de llegar al mismo, tomar un desvío a la derecha que pasa por debajo de los riscos Atisbadero y Aguja de Venus, y se dirige al contrafuerte donde encontraremos el Cancho de la Bola, muy característico por su gran "bola" de roca en la cumbre. En total tardaremos algo menos de una hora en llegar a la base.

Orientación: Suroeste.

Regulación: risco regulado. No escalar de enero a julio.

Descenso: andando por el espaldar en busca de una marcada canal a la izquierda, que nos deja unos metros por debajo del inicio de la vía.

Otros riscos cercanos: hay muchas opciones de escalada cercanas, desde el Castillo y la Almenara a la Aguja de los Alqumistas, si bien hemos de tener en cuenta que todas ellas están reguladas. Lo más cercano sin regulaciones de momento es el Atisbadero y la Aguja de Venus.

El espolón de los pájaros
(120 m, 6b o V+/A1)

1ª ascensión: Gustavo Cuevas y César Casquet el 23 de mayo de 1969 (vía original).

Itinerario: actualmente el espolón cuenta con diversas variantes, según queramos encontrar mayor o menor dificultad. A pesar de la aparente discontinuidad, encontraremos una escalada muy recomendable, con buenos muros fisurados.

Material: un juego de friends variado.

1. **Itinerario original** (120 m, 6b o V+/A1).
2. **Variante directa** (6c).
3. **Variante de entrada** (6a+).

A. **El vendedor de Alfombras** (VIº)
B. **Variante central de El vendedor de Alfombras** (VIº).
C. **Nirvana** (6c, sucia).

ridad o *Demonios en el Jardín*, con compañeros como César Casquet, E. Chillaron, José Lucas, Teodoro Galán o Julio Coloma, entre otros. Con el transcurrir de los años ha vuelto repetidamente al *Espolón de los Pájaros*, reequipando y restaurando la vía original y también abriendo variantes con compañeros como Pedro Vara, Carlos Salcedo, Gabi Martín y David Calvo. Hoy en día es una escalada recomendable y disfrutona, con distintas variantes más o menos exigentes, en la que seguiremos encontrando tranquilidad y la compañía de los pájaros (atención a las regulaciones). ■

AGUJA DEL PORNOSO *Jimi Hendrix*

*Muy poco frecuentada, esta aguja nos regalará sobre todo tranquilidad con sabor alpino, además de una escalada variada por placas y fisuras. Nos da la oportunidad además de conocer una de las creaciones de **José Maya**, imprescindible escalador y aperturista de la zona centro.*

FOTOS: UGE GARCÍA

«MARAVILLOSO» es una de las palabras más habituales en el vocabulario de José Maya, que utiliza especialmente para todo lo relativo a su gran amor, la escalada: «Mi relación con La Cabrera con el paso del tiempo ha sido maravillosa, he conocido a escaladores fantásticos que luego han sido amigos. Y además está el pueblo, y especialmente la gente de aquí, que siempre se ha portado con nosotros, los escaladores, increíblemente bien».

Maya lleva dibujando líneas en distintas zonas de su entorno hace décadas, como en Galayos (suya es la clásica *Concepción Vicente* de la Aguja Negra) o en la Pedriza. Cuando empezó a abrir en La Cabrera ya era un escalador con experiencia y es aquí donde sigue escalando con más asiduidad en la actualidad, con 72 años, por lo general acompañado de grandes amigos, tan jóvenes como él.

Como primera apertura en La Cabrera recuerda la vía *Jacky* de la Aguja Sin Nombre (o Aguja de los Tejos), que hizo en 1976 junto a Javi "El Niño" y que bautizaron por su devoción por los dibujos japoneses. La misma inspiración les dio el nombre para la *Senda* del Pico de la Miel, que abrió unos años más tarde, en 1979, con Gabriel Marín "Canito", uno de sus compañeros de cordada en esos años. También son suyas vías como la *Nines* (con Julio Marina en 1978) o *La Bruja del Mar* (con Andrés Zayas en 1996), ambas en el Pajarito. Pero si hay algún nombre de vía que mejor le define es *El placer de escalar*, como bautizó a otra recomendable primera que realizó con Andrés Zayas en el Cancho del Águila, en los años noventa.

A la derecha, Curro en la variante del L2 (6b) de la *Jimi Hendrix*. Debajo, Maya en los pioneros años setenta en la *Guirles/Campos* del Pico de la Miel. A la izquierda, en la *Ley del Silencio* de la Aguja de los Tejos, risco en el que Maya dibujó la *Jacky*.

Aguja del Pornoso

Aproximación: Partiremos del parking de tierra de la Calle de la Encerrada (GPS: 40.873778, -3.615944). La aproximación es un poco incierta, hay que conocer bien los entresijos de la ladera Sur de la serranía. Un consejo es que ascendáis por el camino de la Aguja de los Tejos hasta encontrar el camino de Ovidio (un camino que recorre toda la ladera sur de manera horizontal), para más tarde transitar por él y abandonarlo casi en la vertical del risco (camino ascendente marcado con hitos). Unos 30 min.

Regulación: risco sin regulaciones activas.

Otros riscos cercanos: para trasladarnos a otras zonas deberemos emplear bastante tiempo en caminos no del todo transitables (lo más cercano sería Peña del Águila y la Aguja del Callejón); si bien en esta zona encontramos las suficientes rutas de escalada como para disfrutar de una completa jornada de escalada.

Aguja del Pornoso

COL. JOSÉ MAYA

Diagram labels

R3

V+/6a

R2

6b · V+

6c

B

Bosquecillo
de encinas

2

R1

A

C D

R2

V+

6a+

R1

V+

1

Aguja del Pornoso. Cara sur.

A. **El hombre blandengue** (L1 7a+, L2 7a)
B. **Variante de la Jimi Hendrix** (6b).
C. **Directa El Fary** (L1 6b, L2 6c, L3 6a).
D. **Entrada directa de la
Jimi Hendrix** (6a+).

Aguja del Pornoso. Cara sur.
1. Experience + 2. Jimi Hendrix (1 + 2 = 100 m, 6c)

1ª ascensión: José Maya, J.Antonio Porras y Andrés Zayas el 14 de abril de 1996 (abierta con algún paso de A0, liberada por Curro González recientemente).

Orientación: Sur

Itinerario: el primer largo de la ruta es una bonita placa técnica de adherencia, finita y con pasos obligados, enderezada por la vertical de la placa en vez de continuar por la original (que se desviaba a la zona sencilla de la derecha). El segundo largo transcurre por un precioso diedro fisurado con una entrada un tanto rabiosa (antiguamente se hacía con dos A0). Este segundo largo tiene una variante por la fisura de la izquierda (6b), muy recomendable. El tercer largo transcurre por una marcada fisura que se ensancha en la panza de salida, muy bonito.

Existe una alternativa (vía *Experience*) para recorrer la parte derecha del risco, enlazando una secuencia de fisuras, hasta encontrarnos la R2 de la vía propuesta. Con estas dos rutas alcanzamos los nada despreciables 100 metros de escalada en la jornada.

Material: 10 cintas y un juego completo de friends; si optamos por realizar *Experience*, duplicar tallas medias y añadir un #4 y #5.

Descenso: en dos rápeles por la vía (35 y 30 m).

Y es que eso es la escalada para Maya: un placer, si bien no limitado al gesto de subirse por las rocas, sino ampliado a todo lo que lo rodea: «Viajar, conocer gente, conectar... todo esto es lo que nos da la plenitud». Tiene, eso sí, una visión muy clara de lo que busca en una escalada, que para él no puede concebirse sin un cierto grado de compromiso y descubrimiento. Por eso es muy difícil verle con un taladro en la mano, que no ha usado en ninguna de sus aperturas (cuando tiene que dejar seguros fijos lo hace con el espitador manual): «El exceso de parabolts atrae al turismo de escalada. Personalmente, si veo un parabolt al lado de una fisura, no me gusta, me lo salto. Creo que hoy en día, con el material tan maravilloso que tenemos, podemos hacer vías limpias muy buenas». En las que él abre siempre intenta buscar ese ingrediente de aventura y que además sean escaladas disfrutonas, que pueda hacer

A la derecha, Maya en *La Ley del Silencio*, en la Aguja de los Tejos; y debajo, posando en plena explosión primaveral. Abajo, Curro en el tercer largo (6a) de la *Jimi Hendrix*. Izquierda, Maya en la *Bruma* de la Punta Meñique.

FOTOS: UGE GARCÍA

todo el mundo. En La Cabrera tiene alguna ruta más de la que no quedó registro «porque en los primeros años casi no dejábamos constancia de lo que hacíamos, íbamos al bar El Cordero que había antes, donde tenían un libro de piadas, y lo dejábamos allí escrito y poco más», y alguna de ellas posteriormente la han "reabierto" con otro nombre, pero tener la titularidad de más o menos líneas no es algo que le quite el sueño.

Al preguntarle qué le quitaría o qué le pondría a la zona de La Cabrera si pudiera elegir, Maya dice que, «por puro interés, quizá lo que le quitaría es todo ese mogollón de gente que se junta algún fin de semana, especialmente en el Pico de la Miel», pero ponerle no le pondría nada, le parece «maravillosa tal cual está». Saber ver y apreciar lo bueno de lo que tenemos cerca –aunque no sean más

que unas rocas– forma parte de la sabiduría de este escalador adicto a las montañas. Lo encontramos recuperándose actualmente de un accidente de escalada que tuvo hace unos meses en unas paredes de Teruel, pero ya está pensando en seguir viajando y escalando en cuanto pueda. La sonrisa ilusionada de su mirada lo dice todo.

Para esta ocasión, de las vías que ha abierto en La Cabrera hemos seleccionado la *Jimi Hendrix* de la Aguja del Pornoso por la sensación de paz y tranquilidad que transmite este risco tan poco frecuentado, que es precisamente uno de los factores que más valora Maya. Cuenta que el nombre se lo pusieron porque tanto su compañero Andrés Zayas como él mismo eran, y siguen siendo, grandes fans de Jimi Hendrix: «Era un genio con la guitarra». ∎

FOTOS: GUSTAVO CUEVAS

SEBASTIÁN ÁLVARO

AGUJA DE LOS TRES AMIGOS
Símbolo de la evolución

Es probablemente una de las agujas más conocidas y visitadas por quienes buscan dificultad, pero no podíamos dejar de incluir el lienzo en el que se han escrito varias páginas importantes de la historia de esta serranía.

CUANDO Gustavo Cuevas, César Casquet y Juan Vivanco se plantaron al pie de aquella aguja de llamativas fisuras y diedros, ni siquiera tenía nombre. Era el año 71 y por entonces los tres amigos ya habían bautizado alguna otra aguja virgen de La Cabrera, como la Punta Laura o la Punta Lagartijos (que venía de "Lagartos Rojos", como ellos mismos se autodenominaron durante un breve tiempo, y que posteriormente fue rebautizada a Aguja K2). De entre las distintas formaciones del risco, se decidieron por acometer el marcado diedro situado a la derecha, que dejaba buenas opciones para los clavos y tacos de madera de entonces. Con la bota dura y subidos a los estribos, fueron abriéndose paso por el angosto diedro, creando la primera vía de la pared: la *Bécquer/Casquet/Vivanco*. Y

DANI CASTILLO

es que Gustavo Cuevas firmaba con el seudónimo de Bécquer por ser tataranieto del poeta, como nos cuenta en el artículo del Cancho de la Bola. No solo dejaron sus apellidos, también forjaron el nombre con el que desde entonces se conoce a esta formación: la Aguja de los Tres Amigos.

Al año siguiente, 1972, de nuevo Gustavo, esta vez acompañado de José Pérez 'Parafina', fueron a por la vistosa fisura que quiebra por el medio la lisa cara Este de la aguja. Escalaron hasta donde les daban las fuerzas en libre, si bien progresaron mayoritariamente en artificial, utilizando incluso algún ángulo de estantería fabricado por ellos mismos. Quedó así inaugurada la segunda vía de la pared: *Bécquer/Pérez*. Pero la historia de la ruta seguiría su curso.

Metamorfosis, nace el séptimo grado

A finales de los 70, incluso antes de la llegada de los pies de gato y de los friends, la filosofía del *free climbing* impregnó a los escaladores de la época. El foco dejó de ser la cumbre para prevalecer el cómo. Se trataba de subir en libre, sin utilizar los seguros como progresión, buscando a propósito la dificultad. Los conceptos todavía no estaban claros; llamaban "liberar" cuando lograban resolver todos los movimientos, incluso haciendo algún reposo entre medias. Nombres como el de Paco Aguado, Juan Lupión, Marisa Montes, Nano Galante, Fernando y Alberto de la Puente y, especialmente, el talentoso Manolo Martínez 'Musgaño' fueron los artífices de las primeras escaladas duras, tanto aperturas como antiguos artificiales que forzaban en libre.

Un día de 1979, tras siete horas de asedio, Musgaño y Fernando de la Puente consiguieron resolver todos los pasos de la *Bécquer/Pérez* en libre, empleando tres puntos de reposo. En posteriores repeticiones, a medida que fueron eliminando reposos, fueron retirando clavos hasta dejarla limpia, rebautizándola con el simbólico nombre de *Metamorfosis* que ha perdurado. Esta y otras escaladas fueron filmadas en película *Nueva Dimensión* (1980), de Sebastián Álvaro. La transformación que estaba viviendo la escalada en esos años ya no tendría marcha atrás. Paco Aguado re-

pitió la vía a los pocos días y nos responde sobre su dificultad: «Sí que éramos conscientes de que estaba en el séptimo grado, pues ya habíamos hecho vías de dureza similar en Galayos y las haríamos poco después en el Verdón». Aún hoy es considerado el primer séptimo de la Comunidad de Madrid y entre los primeros de todo el territorio nacional.

Las prometedoras carreras de varios de estos jóvenes acabaron pronto. En 1980 Fernando de la Puente falleció en un accidente en los Alpes, y al verano siguiente Marisa Montes y Musgaño fueron sepultados por una avalancha en la Aiguille Verte. Le preguntamos a Gustavo Cuevas sobre el cambio de nombre de su vía: «Ni siquiera me enteré; las noticias no corrían como ahora. De hecho, creo lo supe cuando le hicieron un homenaje en La Cabrera a

Musgaño, después de su fallecimiento. No había ninguna rivalidad entre nosotros». Imperturbable, la línea permanece como un monumento de la escalada en fisura, que por sí sola merece una visita a la zona.

Muerte súbita, subiendo el listón

A mediados de los 90, Eladio Vicente estaba en plena efervescencia de búsqueda de fisuras para hacer en libre. Ya habían resuelto alguna mítica como el *Diedro Flores* de la Punta Margarita de Galayos (7b+), además de otro puñado de fisuras duras con compañeros como Luis Miguel Guiñales, Tino Núñez, Pablo Aguado o Rafa Fanega. En La Cabrera se había fijado en el diedro de la *Bécquer/Casquet/Vivanco*, «pero me daba pereza ponerme a limpiar aquello con tantos clavos», recuerda

UGE GARCÍA

Aguja de los Tres Amigos

Aproximación: la aproximación se realiza desde el parking de la calle Encerrada, hasta la base de la Aguja de los Tejos o Sin Nombre. Una vez allí, deberemos bordear el risco por su margen izquierdo hasta que se hace evidente la aproximación a la pared. En total unos 45 minutos.

Orientación: Este

Descenso: generalmente en rápel desde el final de la ruta escalada.

Regulación: risco regulado. No escalar de enero a julio, ambos incluidos. Consultar fuentes oficiales.

Otras vías: en la cara Oeste destaca *El Triunfo del Miedo* (6b+) con primera de Musgaño en 1979.

Otros riscos cercanos: en las inmediaciones encontramos el interesante Trono, los Campanarios, la Pared de los Tubos, la Aguja de los Tejos, etc.

1. Sobaco de mono- Bonatti (30 m, 6b).

1ª ascensión: Luis M. Guiñales y Gaspar Muñoz.

Itinerario: Vía alpina, que incluye un pequeño desplome y una salida aérea por un muro de agarres.

Material: friends hasta el nº 3, con tallas repetidas.

2. Metamorfosis (30 m, 7a).

1ª ascensión: Gustavo Cuevas y José Pérez en 1972. Primera en libre por Manolo Martínez "Musgaño" y Fernando de la Puente en 1979.

Itinerario: impresionante línea que surca el granito rojizo con pasos técnicos pero a la vez muy mantenidos, que nos hará recurrir a todas nuestras técnicas de empotramiento y una buena dosis de resistencia.

Material: friends hasta el nº 3, con tallas pequeñas y medianas repetidas.

3. Murciélago (30 m, V+).

Vía muy poco repetida; aperturistas desconocidos.

Material: juego de friends, con tallas repetidas.

Eladio «y pensé que el diedro de al lado, que estaba virgen, podría salir en libre». En 1996, recién llegado de un viaje por Joshua Tree (EE.UU.), donde había conseguido encadenar una ruta de 7c+, empezó su proyecto en la Aguja de los Tres Amigos. Sustituyó por parabolts unos buriles antiguos del inicio –común con la vía *Bécquer*– y añadió algún otro seguro a la vía para trabajarla. Transcurrido no mucho tiempo decidió quitar las chapas porque «me pareció que podría salir sin ellas», nos cuenta. Cuando se sintió cerca de encadenarla, llamó a su amigo el fotógrafo Nacho Guadaño para que registrara la ascensión y, junto a su amigo Manu, que le aseguraba, fue a por todas, metiendo los microfriends a medida que iba subiendo. En el primer intento del

día, cuando llevaba unos 10 metros, se dio un vuelo en el que arrancó dos seguros y picó suelo. Aquello no le desanimó. «Por suerte no me hice nada, así que después de descansar un poco, volví a darle y esta vez sí conseguí encadenarla».

Sobre el nombre, explica: «Por entonces mi pareja estaba embarazada de unos 2 o 3 meses, y yo escuché lo de "Muerte súbita" por primera vez, que le había ocurrido a otras personas. Como la fisura era tenebrosa y oscura, y ese era un término sonoro que daba miedo, le puse ese nombre».

Eladio no se pronunció inmediatamente sobre el grado, pues reconoce que no lo tenía muy claro. Recuerda que poco después invitó a José Manuel Velázquez-Gaztelu a probarla, quien la escaló con la cuerda por

4. Los indeseables
(35 m, 6b+ , parte superior 7b).
Primera ascensión desconocida.
Itinerario: habitualmente se escala el primer diedro fisurado (6b+), saliendo luego a la derecha a por la reunión de la *Bécquer*. Pero está la opción de seguir recto (7b), por una placa bastante sucia con un parabolt y que podremos proteger con algún friend mediano (aventura asegurada).
Material: juego de friends con tallas medianas y pequeñas repetidas.

5. Bécquer/Casquet/Vivanco (20 m, 8a+).
1ª ascensión: Gustavo Cuevas, César Casquet y Juan Vivanco en 1971. Liberada por Juanjo Medina y Palan Martín en 2007. En la primera ascensión abrieron también un segundo largo hasta la cumbre (aprox Vº), hoy en desuso.
Itinerario: vía donde prima la escalada en X, con un dinámico incluido, y donde se precisa fuerza y elasticidad a partes iguales.
Material: cintas y friends (un Camalot rojo y quizá algún Alien pequeño arriba).

6. Muerte Súbita (30 m, 7c+).
1ª ascensión: Eladio Vicente en 1996.
Itinerario: diedro de escalada muy técnica, con cerrojos de dedos, regletas laterales y empotres de rodilla.
Material: friends, microfriends y fisureros.

7. Fisura del trueno
(25 m, 6b+).
1ª ascensión: José Luis Martín "Makoy" y Tino Núñez en 1985.
Itinerario: bastante técnica y a la vez física.
Material: friends.

ÁLVARO PANTOJA / RECMOUNTAIN

Liz Lemoine rematando la *Metamorfosis*, la misma vía que escala Eladio Vicente en la portada de la revista *Desnivel* nº 126 (feb 1997). Pasan los años, la roca permanece.

arriba de una forma «totalmente estrambótica, con manos y pies en horizontal por el diedro». El resultado: aún más perdidos con el grado. Más tarde algún repetidor sugirió el 8a con el que durante una época la vía fue encumbrada como «el primer octavo de La Cabrera».

Pasó mucho tiempo en el olvido, incluso décadas, hasta que ya en este siglo los incondicionales de las fisuras la rescataron. En la actualidad está consolidada como un duro 7c+ de autoprotección.

Y llega el primer octavo
Diez años después, Juanjo Medina y Palan Martín, dignos sucesores de Eladio Vicente como devoradores de fisuras de la zona centro, ya habían puesto su muesca en la *Muerte Súbita*, pero tenían ganas de más. Pusieron su mira en la vecina *Bécquer/Casquet/Vivanco*, como relató Palan en su blog un 24 de octubre de 2007: «El colorido amarillento y los clavos del antiguo artificial reclamaban su parte del pastel, así que ya era hora de acercarse y probar suerte. Tiempo de liberar, de despejar incógnitas, de poner esa escuadra tapizada de liquen a prueba. Las dos chapas iniciales eran viejas conocidas, pues el inicio de ambas vías es común, a partir de aquí la chapa reciclada, cuatro clavos, un friend y un plomo son el peaje a una de las vías más preciosas que hemos hecho nunca, tanto por su estética como por la elegancia de sus movimientos. Por cierto, si esperábais encontrar desvelados sus se-

cretos en estas líneas siento decepcionaros, pero juré guardarle el secreto para no estropear la sensación de descubrimiento a los futuros pretendientes que suban a estas altivas agujas en busca de la belleza que encierra su roca. En cuanto a la subjetividad de la aritmética solo decir que sugerimos un 8a que, en palabras de Juanjo, ya puede ser más... Y hasta aquí puedo decir, subid y ya nos contaréis».

Desde entonces, solo unos pocos escaladores han desvelado su secreto. La vía inauguró el grado en la zona, hoy oscilante entre el 8a y el 8a+ (a la espera de más repeticiones para consolidar propuesta) y permanece, de momento, como la fisura más difícil de la serranía de La Cabrera. ∎

UGE GARCÍA

«La aventura está garantizada»

En este artículo, *el Brujo* nos recuerda los grandes valores de este entorno, con repaso de algunos de los protagonistas de la escalada limpia en la Cabrera y sus propias y fundamentales aportaciones, acumuladas en más de tres décadas de devoción por esta sierra.

EN la revista *Desnivel* nº 126 (febrero de 1997), en un "Especial Fisuras de la zona centro", Eladio Vicente exponía: «Desde principios de los años ochenta hasta hoy, existe en la zona centro un vacío en cuanto a aperturas de vías de escalada limpia con fisureros. Solamente trabajan en ello unos pocos escaladores y su labor no es muy conocida; a veces no existe la suficiente información o esta se pierde entre los papeles de algún armario». Desde hace aproximadamente quince años, la serranía de Valdemanco y la Cabrera ha sucumbido a una catarsis aperturista y de recuperación de itinerarios olvidados y/o desconocidos. Muchos han sido los escaladores y escaladoras involucrados, desde los pioneros años cincuenta, donde los Peñalaros ya incursionaron por esta sierra, hasta nuestros imparables días. Me es imposible citar a todos, porque sería el mejor homenaje que podría darles. Desde estas líneas extiendo mi sincero agradecimiento y admiración por todo lo que han aportado a tan pequeño rincón de la Sierra del Guadarrama».

En la actual era del *homo influentis egodigitalis,* aunque algunas rutas no estén a la vista del gran público, se han repetido en contadas ocasiones por personajes de diversa calaña, incluso por liberadores oficiales con carnet en vigor, de tipo: que sea lo que tenga que ser. Si algunas rutas repetidas poseen calidad en su trazado, son merecedoras de una meditada actualización. Se invierte en tiempo, dinero, material e ilusión compartida, por supuesto contando con el visto bueno de los aperturistas. Es una estupenda labor altruista que no espera nada a cambio, sino el mero placer de poder seguir escalando.

A raíz del inesperado aumento del parque de vías, entre bastidores están cocinando un librito de ambas serranías. En ella quedará reflejada toda la información posible, para deleite de los amantes de tan atractivo entorno.

A pesar de su proximidad a una concurrida autovía y a algunos municipios sin planes de aumentar su callejero, ni la proliferación de más afecciones medioambientales que alteren el paisaje, la serranía de Valdemanco y La Cabrera posee una interesante riqueza natural, deportiva, científica, arqueológica, cultural, artística y culinaria. Por las agujas observaremos aves rapaces como el *falco peregrinus* (halcón peregrino), *aegypius monachus* (buitre negro), *gyps fulvus* (buitre leonado) y, rara vez visto, el *neophron percnopterus* (alimoche); verdaderas vigías de estos cielos que habitan, cuyos majestuosos vuelos podremos contemplar cuando aprovechan las térmicas de ladera, contando incluso con algún inesperado parapentista siguiéndoles la circundante estela a su paso. Tampoco obviemos a la flora, algunas especies endémicas a respetar como la Paeonia broteroi, que sobrevive en contadas zonas, como en el populoso "Pico de los Rallyes".

FOTOS: COLECCIÓN UGE GARCÍA

Con mis compañeros habituales, de los que empezaron doblando buriles, cuento con la inestimable solvencia, experiencia, conocimientos y paciencia de Loren Borrero y Andrés Moreno. Poseemos una pequeña colección de rutas de todo tipo, desde técnicos artificiales, algunos liberados por Curro González, como *la Traya* (7a+ expo) al Cancho Gordo. Pendientes de liberar *la Hemorragia* (A2+) al Rincón Sangrante, siendo zona regulada colindante con el Cancho de la Bola; a Curro González se le ha metido entre ceja y ceja, pronosticando un posible 7c. También estupendas rutas fisuradas, como la yosemítica *Rioseta* (6b+) y *Telemática* (6a+), ambas limpias a la Punta del Alba, cerca del Collado del Alfrecho. En la Punta Meñique otras vías limpias como la *¡Joder Manolete, si no sabes...!* (6b+) y *Los tentáculos de la mafia* (6a). En el Atisbadero está la *Canela en Rama* (6b) y la *Rosario Ruiz-Roso* (6b). En la Oeste del Cancho de la Bola, la *Somos imanes para los tontos* (6c), con un segundo largo de fisura en media luna y magníficos empotramientos, empezando con cerrojo de dedos y terminando en puños bajo visera. En la Torre del Loco, a la derecha del Cancho del Águila, frente a las archiconocidas *Capitán Pinzas* y *Teoría del Frotamiento;* surgieron tres rutas de escalada combinada. La primera fue *Este tío está loco* (Vº+/C1), la segunda, *¡Ajústate el sonotone, tronco!* (6a+/C1) y la última, *Mesón Teodomiro* (6b/C1). Estas tres rutas, sucumbirán al intento de forzarlas a libre por acérrimos escaladores, el tiempo dirá. En la cara este de la Punta de la Almena, la *Traite pan, chorizo sobra* (6b+) abierta con el Canillas, frente al Rincón Sangrante. Otras rutas a destacar son la *Brujo-Aeronauta* (6c/A0 o 7a+) y la *Ándate a la guay que aquí quintos no hay* (6c+), ambas al Cancho de la Ventana y de corte semiequipadas.

Ahora, con tantas novedades en estas páginas, inéditas reseñas y artículos de otros compañeros del gremio, no quería olvidarme de los habitantes del serrano pueblo de La Cabrera. Tienen la suerte de estar lejos del Parque Nacional, que es sinónimo de masificación e innumerables molestias, lo que podría alterar por completo su paz. Aunque los escaladores y senderistas hemos aumentado, he podido observar y sentir que nos aceptan por allí. Que esta simbiosis entre pueblo y montañeros dure por siempre. Agradecidos estamos con ellos de poder seguir disfrutando del placer de escalar en La Cabrera. // Uge GARCÍA

¿Hay aventura garantizada más allá del asediado Pico de la Miel y otros riscos documentados? De hecho, sí, bastante. Apenas hay vida para poder repetir todas, salvo que se empeñen por cabezonería en lograr tal proeza. Algunas webs o blogs han dejado caer contadas piadas inéditas, animando a todo terrenos a repetirlas. Por ejemplo, las ochenteras rutas de Gustavo Cuevas y compañía desde las Agujas de Valdemanco, pasando por el Cancho de la Bola o, pegado a este, la esbelta Aguja de los Alquimistas que, separada por un callejón, linda con el Cancho de la Ventana. Un buen ramillete para pasar una jornada entretenida. Gustavo, junto con Gabriel Martín, recuperaron las que pudieron, además de trazar novedades. Siendo zonas de especial relevancia por nidificación, por tanto, recomendamos encarecidamente consultar las fuentes oficiales o cartelería existente.

En el otro extremo, los que abren vías limpias o con contados seguros fijos, tengo como magnífi-co y paciente compañero a José Maya. Bombero jubilado que posee increíble vitalidad, aparte de vías en la Cabrera, cuenta con destacables aperturas en los Galayos (Gredos) y aún nos sigue deleitando con su estilo impecable, eficiente, humilde, divertido y apasionante. Hemos podido ascender por la *vía Bruma* (6b+) a la Punta Meñique, sin expansiones. Otra del mismo estilo, en el Cancho de los Tejos, junto a la Torre de los Casares, acertamos con tres largos de fisuras de todos los calibres y diedros fisurados, denominada *la Flaca* (6a+). En el Castillo, la *vía El Dragón* (6c), con cuatro tiradas completas fisuradas y semiequipadas con contados clavos; con su segundo largo liberado por Curro González, que poseía un corto tramo de A0.

Hay que mencionar también a un pequeño grupo de amigos pertenecientes al GREIM de Riaza que pusieron el listón alto, desde abajo y sin expansiones.

AGUJA DE LOS TEJOS O SIN NOMBRE

Trilogía de la cara Oeste

Aunque desde lejos esta aguja parece un caos de bloques a punto de desmoronarse, cuando te acercas descubres verdaderas joyas en forma de diedros, fisuras y placas, como las de las tres vías que seleccionamos en estas páginas. Las conocemos con la mirada de **Rodrigo Sánchez,** *uno de sus principales artífices.*

FOTOS: COL. RODRIGO SÁNCHEZ

LA AGUJA DE LOS TEJOS, también conocida como Aguja Sin Nombre, es una esbelta formación rocosa en cuyas paredes poco agradables (a simple vista), encontramos multitud de rutas de escalada. Es un lugar poco frecuentado por escaladores, tan solo de tanto en tanto se ve alguna cordada repitiendo la ruta insignia de la pared: *El diedro de la deportiva*; un estético diedro de la cara Sur, abierto por miembros de la Sociedad Deportiva Excursionista a principios de los 70 y liberado en esa misma década por Manolo Martínez "Musgaño" y los hermanos los De La Puente (hoy un atlético 6a). En esta ocasión nos dirigimos a la cara Oeste, y en concreto a un tesoro en forma de trilogía, con rutas recias y especialmente buenas que todo escalador que aprecie la aventura debería repetir.

Estas tres vías llevan el sello de Rodrigo Sánchez, guía de escalada (que ejerce desde su empresa *guiaspedrizamania.com*), quien ya con 11 años empezó a recorrer las montañas de la mano de su padre. Solo dos años después, con 13 años, hizo su primera vía en La Cabrera, el clásico *Espolón Manolín*, «del que no recuerdo demasiado pero sé que me gustó», nos cuenta. Desde entonces tuvo claro que quería dedicarse a tiempo completo a la escalada. Sobre la Cabrera, explica que «es un sitio que al principio no tenía tan cerca de casa como otros lugares, como puede ser la Pedriza, pero para mí ha sido la escuela que me ha aficionado al "cacharreo" y que me ha enseñado a escalar en fisuras».

Reconoce que al principio lo que le atraía de esta sierra eran sobre todo las vías di-

fíciles o las nuevas aperturas. Así, se dedicó a tachar las líneas más codiciadas del Pico de la Miel, como la *Psicosis* (7b+) o la *Evolution Rock* (7b+) y sumó también las clásicas de dificultad de las agujas, como *Metodología* (6b), *Búlder Paranoia* (6b+), *Misticismo* (7a)... «Yo me pensaba que conocía bien La Cabrera», confiesa, «pero no fue hasta años más tarde cuando empecé a adentrarme un poco más en las agujas y descubrí todo un mundo nuevo». Y es que la abundancia de vías y la escasez de información que encontró en las agujas cuadraba exactamente con sus aspiraciones: «A mí una de las cosas que más me gusta es hacer vías desconocidas, que tengan un toque de aventura con dificultad y poca información. Y descubrí que para esto en La Cabrera había muchas oportunidades y que realmente no la conocía tan bien como

me había creído». Se encontró con que había agujas que llevaba viendo toda la vida pero a las que no sabía ni llegar, o vías reseñadas en guías antiguas que no concordaban con la realidad al ir a escalarlas. «Hoy en día es una escuela que me pilla cerca y en la que me lo paso muy bien, tiene todo lo que me gusta: tranquilidad, no tienes tantas restricciones o problemas de acceso como otros lugares y puedes encontrar dificultad y aventura cerquita de casa».

De entre todos los riscos de La Cabrera, Rodrigo destaca la Aguja de los Tejos como uno de sus favoritos «porque me ha aportado muy buenas experiencias en estos últimos tiempos. Es un risco muy principal, llamativo, que está en todo el centro del cordal, enfrente del aparcamiento. Cuando te acercas parece que es

Sobre estas líneas, Rodrigo en el cuarto largo (6c) de *Hijos del musgo*, y a su izquierda, Edu en el primero de *Buitre no come alpiste*, un 6b+ sin desperdicio. Página izquierda, Curro gozando de los empotramientos de dedos en *La ley del silencio* (6b).

un caos de bloques que se te va a caer encima, pero luego guarda escaladas muy interesantes. Desde el *Diedro de la deportiva*, que es una clásica buenísima, a otras de dificultad, como *Hijos del musgo*. Y es curioso que, a pesar de ser un risco tan vistoso, hasta hace bien poco era un misterio. Había algunas rutas que no se sabía ni de su existencia o estaban equivocados los trazados. Y en estos últimos meses parece que hemos podido descifrar ese enigma que tenía la aguja. Me gusta mucho la

Aguja de los Tejos.
Oeste.

1. Ley del Silencio (100 m, 6b).
2. Buitre no come alpiste (120 m, 6c/A0).
3. Hijos del musgo (180 m, 6c).

A. Oeste (L1 6a, L2 V).
B. Abraxas (L1 6a; L2 6b).
C. Tejeda (L1 6a; L2 6a, L3 V, L4 6c o C1).
D. Juanjo Tomé (L1 6b+; L2 V+, L3 V, L4 IV).
E. Esta para Santi (L1 6a+; L2 V+).
F. Sur Directa (Ae/V+).
G. JM (6b+).

Espolón
tumbado

R3/R4

Fisurilla y
espolón

6a/+

6c

Fisura

6b/Ao

R2

Fisura

Diedro
técnico

Lomo liso

Repisa amplia

6b

R3

R2

Fisura ancha
y muro de cantos

V+

Común con la
vía Abraxas

R1

Repisa

Gradas

R2

Muro de
agarres

6a

Fisura

Desplomito

B

Muro

Fisura

6a+

R1

A

C

D

6b

Fisura ciega

R1

Fisura y laja

6b+

Diedro

Muro de
cantitos

6b+

Diedro fisurado

Muro

1

Muro

2

A

Flanqueo dificil

B

F

C

Fisura fina

E

G

F

3

D

AGUJA DE LOS TEJOS

Aproximación: Desde el parking de la calle Encerrada, por un empinado sendero que no está muy marcado y puede hacernos restregarnos por las jaras pero tendremos siempre a la vista la pared, a la que llegaremos en una media hora.

Orientación: Oeste

Regulación: risco regulado, no escalar del 1 de enero al 31 de julio.

Descenso: desde la antecima realizamos un rápel de 30 m hasta la ladera de la cara Oeste, bajo la Aguja de los Campanarios, y desde ahí realizamos una serie de destrepes sencillos hasta llegar a la canal de descenso.

Otras vías en el risco: tanto en esta misma cara como en las caras Sur y Este encontramos multitud de rutas de escalada, alguna de ellas súper clásicas como el *Diedro de la deportiva*, y otras desconocidas para la gran mayoría de los escaladores, pero no por ello de poca calidad, como la *Maceta*, la *Jacky*, la *Tejeda*, la *Abraxas* y más.

Riscos cercanos: en las proximidades encontramos otras agujas con nombre propio como la Aguja de los Tres Amigos, el Murciélago, la Pirámide, etc.

1. Ley del Silencio (100 m, 6b).

Itinerario: una sorprendente línea de escalada que no os defraudará, cada uno de sus largos son espectaculares, especialmente el segundo: un offwidth que acongoja desde la reunión y que ofrece una escalada única en la serranía. Igualmente la llegada a la reunión es jodidamente buena.

Material: un nutrido juego de friends, incluidos el #5 y #6.

2. Buitre no come alpiste (120 m, 6c/A0).

Itinerario: un primer largo que a simple vista parece imposible en libre (escalada difícil y mantenida) da paso a una serie de largos que culminan en un diedro ciego, vertical y liso, pendiente de encadenar (7c?). Sólo por escalar el primer largo ya merece la pena visitar esta aguja.

Material: surtido de friends hasta el #4, repitiendo micros.

3. Hijos del musgo (180 m, 6c).

Itinerario: una maravilla de escalada, técnica y exigente, para "patas negras" de la escalada clásica. A destacar el diedro del último largo, de escalada obligada y exigente a la par que espectacular.

Material: surtido de friends hasta el #4, repitiendo micros.

RODRIGO SÁNCHEZ

Esther Ruiz en el segundo largo de *Hijos del Musgo*, un vertical muro de 6b. A las vías reseñadas en la cara Oeste (izda) se suman otra docena de opciones en la Sur y Este.

escalada que ofrece porque tiene fisuras de calidad, placas buenas y ese punto de aventura que yo busco en las vías».

No solo en esta aguja, Rodrigo ha invertido muchas horas en los últimos tiempos a rescatar vías del olvido, darles una nueva vida y forzar en libre antiguos artificiales que estaban pendientes desde hace décadas. Y asegura que todavía hay terreno de juego para seguir evolucionando: «Creo que desde hace unos años la escalada de dificultad está estancada en La Cabrera. Da la sensación que se ha hecho todo lo que se podía hacer, pero la realidad es que hay todavía muchos artificiales por liberar, y alguno de ellos pueden tener un grado bastante alto, que seguramente lleguen al octavo duro. Me da la impresión que la gente viene a repetir siempre las vías más conocidas. Los que tienen nivel van a la Aguja de los Tres Amigos a hacer las vías duras y se van, pero no se centran en trabajar en liberaciones, como puede ser la *Yatra* [un 6a/A2 del Cancho Gordo] o algún otro artificial pendiente que creo que podría elevar el grado de la zona».

Es precisamente esta faceta de descubrimiento, retos pendientes y aventura lo que más le atrae de esta sierra: «Todavía hay muchas vías perdidas, abandonadas, sin información... Es un entorno que, en cierto modo, sigue salvaje», claro que también comparte la opinión dominante de que a La Cabrera «le faltan metros y le sobra la autopista». Para los que vienen a escalar aquí por primera vez, Rodrigo aconseja «que vengan con tranquilidad y humildad, que busquen una vía bonita y clásica y que sea sencilla para habituarse al tipo de escalada que se van a encontrar. Y, sobre todo, les diría que miren más allá, que en las agujas salen vías muy buenas. No todo es el Pico de la Miel ni la *Metamorfosis*». ■

MURCIÉLAGO
Espolón Álex y Diedro Berta

*Estas recomendables escaladas son dos de las múltiples aportaciones que **Julio Marina «Julito»** ha dejado en la sierra de La Cabrera. Las aprovechamos para que nos comparta algunos de los buenos recuerdos que atesora.*

FOTOS: COL.JULIO MARINA

HOY Álex tiene unos treinta y pico años y es un escalador sobre todo deportivo que a veces engaña a su padre para probar alguna vía dura, y es que fue su padre quien hace tres décadas bautizó con el nombre de su hijo el *Espolón Álex* del risco Murciélago. No es otro que Julio Marina, el mismo de la clásica vía *Julito* del Pico de la Miel, que fue precisamente la primera que abrió en La Cabrera. Fue el en año 78, cuando tenía 23 años, en esos tiempos de cletas, ramplús y clavos «que comprábamos en la tienda de Pedro Gómez, cuando no los hacíamos nosotros mismos».

Antes de la *Julito* ya había escalado por otras zonas, especialmente en La Pedriza, donde seguro que también os suena la vía *Hermosilla* del Yelmo, que abrió a finales

UGE GARCÍA

Arriba, Julio Marina en *Senectud Total*, una de sus últimas aperturas en el Risco de la Ladera, y a la izquierda, en este mismo risco, en su *Diedro JJ*. A su lado, burilando a mano durante la apertura del espolón *Álex* (1978). Página izquierda, Curro González en el diedro *Berta*.

de los 70 y de la que cuenta: «Se la dedicamos a Francisco Hermosilla, un vecino del barrio que se mató en esos años en la *Walkiria* del Yelmo. No había sido mi compañero de cordada, pero sí teníamos amigos comunes y decidimos llamar así la vía».

A la sierra de La Cabrera solían ir los sábados por la tarde «porque antes se trabajaba también los sábados por la mañana», en su caso de electricista en su juventud, y se quedaban a dormir en una chopera que había debajo del Pico de la Miel, hoy

Fisura ancha

V+/6a   6b o V+/Ao
Rampa
con laja y
canalizo

Fisura y
agarritos

R1   V/V+
          Placa de
          agarritos

Canalizo

                    R1

6a   6a+
                    Fisuras
Diedro
fisurado
encajonado

6a+   Muro Ae
Chimenea

Diedro
desplomado

6a/A1 (6c)

                    2

Tumbado

IV+

Canal
fisurada

1

A   B   C   D   E

UGE GARCÍA

Murciélago. Cara sur.

Aproximación: desde el parking de la calle Encerrada, utilizando el mismo acceso que para la Aguja de los Tejos, pero desviándonos a la derecha al llegar a este (evidente). Unos 50 minutos desde el aparcamiento.

Orientación: Sur.

Regulación: risco sin regulación activa.

Otras vías: en este mismo risco encontramos una de las mejores fisuras de la Cabrera: *Acceso directo a la memoria* (6c+), no os podéis ir sin escalarla. En las cercanías del risco encontramos otras formaciones, como la citada Aguja de los Tejos, el Cancho Cuadrado o la Pirámide.

1. Diedro Berta
(90 m, 6c o 6a+/A1)

2. Espolón Álex **(90 m, 6b/A1)**

1ª ascensión: Julio Marina y Esteban Fernández en 1994.

Itinerarios: *Berta* surca un espectacular y llamativo diedro fisurado del margen izquierdo de la pared. El primer largo fue liberado por Curro González, proponiendo un grado de 6c. Por su parte, el *Espolón Álex* recorre el paño compacto de granito del centro de la formación rocosa.

Material: un juego de friends completo y emportadores.

Descenso: destrepes en dirección norte a buscar el espaldar y las canales de regreso.

A. Xavi Casavilla (L1 V+, L2 6a+, L3 IV+).
B. Agujetas (6b+ o 6a/A1).
C. Lía cuerdas, pisa cuerdas (7a).
D. Desconocida (¿?).
E. Acceso directo a la memoria (6c+).

sucumbida bajo los chalets. Por lo general tardaban varios viajes en abrir las vías, sobre todo cuando el único medio de transporte que tenían era el autobús, «luego ya a partir de los 80 empezamos a tener coche y nos movíamos a otros sitios, como Galayos, Pirineos...», recuerda Julio.

Aunque nunca ha buscado notoriedad ni le ha interesado dar publicidad a sus aperturas «porque la montaña siempre me la he tomado como una filosofía de vida, para disfrutar de los momentos para mí», las líneas de calidad que ha dejado por los distintos riscos hablan por él. En el Pico de la Miel sumó otras dos, ambas con carácter: la *GAM de Peñalara* en 1980 y la *José Manuel Alaiz* en el 82, de las que hablamos con más detalle en el artículo del Pico.

De la cleta pasó a las botas Roc Neige, después a los primeros rudimentarios pies de gato, «esos que eran de lona azul con suela que llamábamos "de tocino" porque era amarilla». Se forjó en una época en la que caerse estaba prohibido, «¡y para mí lo sigue estando!», asegura entre risas Julio que, aunque lleva una temporada alejado de la escalada por una operación de espalda, no descarta volver a trepar cuando esté recuperado.

En los fructíferos setenta abrió un puñado de vías que son ya clásicas de la serranía, como la *Nines* del Pajarito (o Cancho Largo, que abrió con José Maya) y otras dos que dejó en el Risco de la Pirámide con Fernando Gil: la *Julito* y la *Carlos*, ya a finales de la década.

Pocos saben que la emblemática fisura *Metodología* del Puro también es suya, que abrió con José Maya en 1978 y bautizaron como vía *Mario*. Poco después la liberaron Manolo Martínez "Musgaño", Fernando de la Puente, y Luis Fraga y, como como era costumbre en esos años cuando se forzaba una vía en libre, le cambiaron el nombre por el de *Metodología* que hoy permanece. «Hoy solo hacen el primer largo y se bajan, pero la vía realmente va hasta la cumbre. Para mí siempre será la vía *Mario*».

También tienen su firma las vías *Abraxas*: «Cuando una apertura nos costaba, nos daba guerra, le poníamos ese nombre», nos cuenta. En La Cabrera encontramos dos de estas *Abraxas*: una en el Pajarito y otra en la Aguja de los Tejos, ambas con Antonio García a principios de los 80. «Tengo buen recuerdo de ellas; muchos años más tarde las he repetido con mi hijo Álex y me siguen pareciendo difíciles y buenas». Igualmente en La Pedriza hay otras dos *Abraxas* de los mismos aperturistas, en el Pajarito y en el Yelmo, e incluso dejaron otra *Abraxas* en el Pico Torres de Asturias.

En el Risco de la Ladera –en su época más conocido como Risco del Monasterio– añadió el *Diedro JJ* en 1978 con Javier Pérez, que posteriormente ha contribuido a limpiar y reequipar, siendo hoy una escalada agradecida, muy repetida. Y asegura que en esos años, con el mismo compañero, abrió otra vía cerca que no llegaron a bautizar, y que, pasados los años, se "reabrió" con otro nombre. Esto le ha ocurrido con otras cuantas vías en distintas agujas que, explica, «tienen muchos novios», pues varios aperturistas se las han atribuido después, pero es un jardín en el que prefiere no meterse: «A mí me queda el buen recuerdo de habérmelo pasado bien cuando las abrí, no me hace falta más».

Sobre el Murciélago recuerda que, cada vez que escalaban en la Aguja Sin Nombre o en la Pirámide miraban con deseo ese risco que por entonces solo contaba con la vía *Normal*, al menos que ellos supieran: «No teníamos mucha información de las agujas, todo el mundo iba al Pico de la Miel», recuerda Julio; algo que no ha cambiado mucho. Por fin, en el año 1994, exactamente un 19 de junio, fue con Esteban Fernández, su amigo y compañero de cordada durante esos años, a por la línea que habían visualizado. Recorrieron el llamativo espolón superando en artificial los duros pasos del primer largo, en el que dejaron instalados algunos buriles. En diciembre de ese mismo año regresaron y

FOTOS: COL.JULIO MARINA

sumaron otra línea que asciende paralela a la anterior: el *Diedro Berta*, esta vez dedicada a la hija de Esteban. En cada una emplearon dos fines de semana.

«Pasado el tiempo nos encontramos con que alguien había reventado los buriles del espolón Álex, y así se quedó. No hace mucho que me llamaron unos escaladores diciéndome que habían pensado recuperar la vía, lo que me dio mucha alegría. Me dieron ganas de ir ayudarlos, porque es una zona en la que se acumula mucha zarza y maleza que ya en su momento nos costó limpiar, pero en esos momentos estaba con mi operación de espalda y no pude ir».

Lo que siempre le van a quedar a Julito son las vivencias: «Para mí la Cabrera ha sido un lugar especial. Vivimos en una época que fuimos privilegiados porque había muchas cosas por abrir; me trae muy buenos recuerdos». ∎

Julio en dos de sus líneas *Abraxas* de La Cabrera: arriba en la de la Aguja de los Tejos y sobre estas líneas en el Pajarito, ambas abiertas junto a Antonio García.

TORRE DE LOS CASARES
Falo Mi y Directa al Ciruelo

*Formación muy poco conocida y aún menos frecuentada que nos depara una escalada en un entorno salvaje. Contiene dos vías con carácter con sello del **GREIM de Riaza** que, además de salvar vidas, contribuyen al buen desarrollo de la escalada limpia en la serranía.*

FOTOS: COL. GREIM

Arriba, Pablo Solán en *Pacto con el diablo* del Pico de la Miel, y debajo Santiago Varadé en la *Éxtasis* del Risco de la Ladera. Abajo, durante unas prácticas con el helicóptero en la sierra.

HABLAMOS con Pablo Solán, uno de los miembros del GREIM (grupo de rescate en montaña de la Guardia Civil) con sede en Riaza, Segovia, que más frecuenta el granito de La Cabrera, junto a diversos compañeros. Han tenido una relación muy estrecha con esta sierra como escaladores, pues es donde han aprendido a dominar el arte de la escalada limpia, pero también durante el desempeño de su trabajo: «Una de nuestras misiones es conocer con exactitud los distintos escenarios de un posible rescate, y una de las formas de conocer La Cabrera es escalar sus vías más clásicas y así familiarizarnos con todas sus agujas y sus particularidades».

Uno de los puntos positivos que destaca de esta serranía es su accesibilidad, pues se puede llegar a escalar bastante rápido, pero sobre todo lo que más les gusta son sus fisuras, que califica «de gran calidad, aunque, claro, estaría aún mejor si tuvieran unos largos más».

Entre sus riscos favoritos cita la Aguja de los Campanarios, donde han abierto vías como *El Sendero del Rayón* (6a+) en su cara Oeste, o *Eso que tu me das* (6a/A2 o 6b+), en la Sur. En especial le guarda cariño a esta última vía «que abrimos desde abajo, salió un itinerario bastante lógico y nos pareció una escalada increíble. Tuvimos nuestra aventurilla».

En su opinión, la evolución de la escalada en la zona puede llegar a calificarse de "involución" pues, como explica: «La escalada se ha concentrado en el Pico de la Miel, llegándose a masificar los fines de semana, olvidando las muchas vías que hay repartidas por las distintas zonas. Se están perdiendo muchas joyas por falta de información y de ganas de recuperar las vías». .

En sus aperturas aplican la ética de la escalada limpia, con material flotante siempre que la roca lo permita: «Durante unos años ha habido una tendencia a meter mucho parabolt y creo que la sierra de La Cabrera da un juego inmenso para abrir con un estilo limpio. No digo que no se meta algún parabolt, pero al menos a nosotros lo que nos motiva es llegar a abrir vías lógicas y limpias, no intentar sacar de donde no hay. Siempre utilizando el menor número de expansivos posibles». Esta firma la vemos en vías como la trilogía *Batcrack* (6c), *Alita de Murciélago* (6b) y *Alita de mosca* (6c) en la cara oeste del Murciélago; *Powereim Trad I* (6b+) y *Exit* (6a+) en la Oeste del Atisbadero; o *Menos cacharros y más cojones* (6b) en la Este del Pajarito.

Todas ellas aperturas que han realizado, aseguran, «para aportar nuestro granito de arena para que esta sierra siga viva y, por supuesto, porque nos encanta el estilo de escalada de La Cabrera. Nos parece una sierra increíble, con muchos largos de los que te hacen vibrar».

Seleccionamos aquí dos líneas fisuradas con sello del GREIM de Riaza en la Torre de los Casares, una característica formación rocosa bien diferenciada que, pese a ello, pocos escaladores saben ubicar (deberemos tener un amplio conocimiento de la serranía para llegar al pie de vía a la primera). Unas vías con carácter de las que Curro González —que liberó el tramo abierto en artificial originalmente— escribió: «Un ejemplo muy claro de cómo hay que hacer las cosas; escaladla y comprenderéis». ■

Torre de los Casares

Aproximación: hay dos opciones. La primera es desde el parking de la calle Encerrada, ascender dirección Aguja de los Tejos y, a medio camino, tomaremos a mano derecha el desvío ascendente del camino de Ovidio hasta que se hace evidente el acceso. La segunda opción es desde el parking del colegio: ascenderemos por el camino normal de la cara Oeste del Pico de la Miel hasta llegar a las inmediaciones de la Aguja K2. Una vez aquí, realizaremos una travesía horizontal por la base del Puro, Cancho de los Brezos y, finalmente, la Torre de los Casares. En total, 1 h aprox. Ubicación del risco: 40.879085, -3.614887.

Orientación: Oeste

Regulación: risco sin regulaciones activas.

Otros riscos cercanos: en las inmediaciones encontramos el Cancho de los Tejos, que alberga multitud de fisuras y rutas (a destacar *La fisura del manicomio*, 7a+). Andando unos pocos minutos, llegaremos al Cancho de los Brezos, que alberga conocidas rutas de escalada, (ojo: regulaciones activas de enero a julio). Justo antes de llegar al mismo, veremos un pináculo rocoso en el que encontramos la excelente vía *Las Trospas D'ustaquio*, 7a/+.

1. Falo Mi (50 m, 6b) y
2. Directa al Ciruelo (20 m, 7a+/b o A2).

1ª ascensión: Juan Fran Martínez, Nuria Hoyas y Santi Varadé.

Itinerario: el primer largo es común a las dos vías, asequible. Reunión en una pequeña repisa en la que podremos asegurar cómodamente. Para la *Falo Mi* seguiremos recto por un encajonamiento de doble fisura y salida por un muro con agarres.

La *Directa al ciruelo* asciende por un pequeño muro vertical que da acceso a una espectacular fisura desplomada con empotres técnicos y pasos atléticos.

Material: juego completo de friends hasta el nº 5, con tallas repetidas. Estribos si pensamos ir en artificial.

Descenso: andando en busca del espaldar y evidente por las canales colindantes hasta el pie de vía.

UGE GARCÍA

FOTOS: COL. CARLOS BARBA

EL PURO *Corazón Trueno*

Aunque la vía más conocida de la Aguja del Puro (también llamada de las Yeguas) es la Metodología, hemos optado por otra menos famosa pero igualmente recomendable que nos permite introducir a un escalador con nombre propio en la zona: **Carlos Barba "Trompeta".**

HACE más de 40 años que Carlos Barba "Trompeta" hizo su primera escalada en La Cabrera, pero el transcurrir del tiempo no ha borrado la intensidad de sus recuerdos. Fue en La Pedriza donde se inició en la escalada, allá por el año 1975, «con un material rudimentario y con el conocimiento que había adquirido con el libro titulado *Hielo, nieve y roca*, que me pareció muy bueno para iniciarse en la montaña y la escalada». Al año siguiente, a propuesta de su amigo Antonio Atochero "Tocho", de su mismo barrio de Fuencarral, fueron a conocer La Cabrera: «Me pareció interesante e ilusionante poder ir a escalar a un sitio desconocido para mí. –Aventura garanti-

zada– pensé». Así rememora esa aventura: «Fue un fin de semana de mediados de junio; salimos en dirección a La Cabrera, el Tocho y un amigo suyo llamado Alberto. Fue la primera vez que vi la sierra de La Cabrera y su risco más representativo: el Pico de la Miel. Nos aproximamos a la base de la vía y nos preparamos para subir con el poco material que disponíamos y mucha ilusión; en mi caso atado a la cintura con la cuerda, ya que no tenía arnés. Realizamos la escalada de la vía *Ezequiel*, en la que disfruté bastante». Después de esa primera escalada, regresaron muchas más veces a repetir las vías que en ese momento estaban abiertas, como la *Piloto*, la *Rivas/Acuña*, la *Guirles*...

Unos años después, en noviembre 1980, Carlos abrió su primera vía en el Pico de la Miel, junto a sus compañeros de cordada de esos años, Juan Galán "Gondo" y Ernesto Martínez "Tito", en un hueco que vieron libre en el muro central de la pared. La realizaron con una técnica mixta entre equipar desde arriba y abrir desde abajo, prolongándose la apertura tras varios parones y rematándola con Tito en enero de 1981. La vía lleva el nombre de *Trompeta*, su apodo, del que nos explica: «El apodo no lo eliges, el apodo te cae encima te guste o no te guste, es más, en mi época si no tenías un apodo no eras nadie (risas). Puede haber varios motivos para que te coloquen un

A la izquierda, Carlos en el L2 (6b) de *Corazón Trueno*, que abrió en solitario en el Puro. Derecha, en *La cara oculta de la luna*, y abajo a la derecha, en la *Trompeta*, dos de sus aperturas en el Pico de la Miel, con 24 años de diferencia. Y abajo a la izquierda, en *Cuánto tiempo Silvestre* (Cancho Soyermo), que abrió con Gondo, al igual que las anteriores.

apodo, pero principalmente se hacía con gracia y bastante humor. Obviaré otros motivos y lo dejaré en que en aquella época de finales de los 70 conocí a un grupo que salía al monte apodado "Los Gallos"; yo tenía la costumbre de saludar con un –¡Qué pasa trompeta!– y decidieron colocarme ese apodo. Así renací como "El Trompeta" y lo demás es historia».

En esa década de cambios de aires, con el movimiento del *free climbing* soplando fuerte, abrió con Gondo la explosiva *Cuánto tiempo silvestre* (30 m, 6b) en el Cancho Soyermo en noviembre de 1983, dejando solo tres clavos (vía que fue posteriormente "reabierta" en los 90, apareciendo aún en algún croquis como *14 kilos de furia*). Al año siguiente, de nuevo con Gondo, surcaron otra línea en el Pico de la Miel de tres largos: *18 los ojos que te ven*, que aún hoy se escala con respeto, a pesar de que está más protegida que antaño: «El primer largo era expuesto y actualmente cuenta con más seguros y el segundo largo tiene algún anclaje fijo en la parte de arriba, cuando la fisura se hace más fina», explica Carlos, pero aclara conciliador: «No tengo ningún problema en que estas vías se queden como están actualmente».

Ya en marzo de 2005, cuando parecía que no quedaba nada por estrujar en el Pico, Carlos y de nuevo su cordada Gondo descubrieron una línea escalable a la que bautizaron *La Cara Oculta de la Luna*; consta de 5 largos, de los cuales recorre en un tramo del L4 una característica fisura que ya había sido abierta en el 96 en artificial (*Boomerang*, C2), en la que no vieron rastro y que aún hoy sigue limpia de clavos y pendiente de liberar (Curro G. resolvió los pasos sueltos y apunta al octavo grado).

Carlos ha vuelto a escalar sus vías y no reniega de sus creaciones: «Las últimas veces que he vuelto a escalar estas vías me siguen pareciendo interesantes y bonitas. La sensación es que las vías, su roca y su esencia han resistido el paso del tiempo, pero yo no tanto. El tiempo pasa y ya no estoy igual que antes pero sigo vivo todavía y con

ilusión de continuar hasta el final». Desde 1976 Carlos ha escalado por incontables lugares, y ha dejado un buen puñado de primeras especialmente en la Pedriza, la Cabrera y el Torozo, pero asegura que no tiene ninguna vía favorita; valora más la experiencia y aprendizaje que le han aportado las escaladas.

Y aún hoy, con 68 años, sigue escalando habitualmente en La Cabrera: «Me parece un sitio interesante, con buena orientación, escalada variada con vías semiequipadas y sin equipar en algunos de sus riscos y agujas en las que puedes escalar sin aglomeración y con cierta dosis de aventura». Entre sus compañeros habituales quedan alguno de los de entonces, como Gondo, aunque otros, como

ÁLVARO PANTOJA / RECMOUNTAIN

COL. JULIO MARINA

La cara Este del Puro

contiene reconocidas joyas de fisura, siendo la más emblemática la vía *Metodología*, abierta por Julio Marina "Julito" y José Maya en 1978, que la bautizaron como *Mario*; liberada un año después por Manolo Martínez "Musgaño", Luis Fraga y Fernando de la Puente y renombrada como *Metodología*. En la foto de arriba, Julito y Maya durante la apertura, y a la derecha, foto reciente de Liz Lemoine escalándola.

A su izquierda se encuentra el no tan frecuentado offwidth de *Criando Malvas* (6c), por Luis Miguel M. Guiñales y Eladio Vicente en los años 90; y a su derecha la *Misticismo* con su reconocible paso de techo (V+/A0 o 7a) y un bonito diedro fisurado final (6a+). Más a la derecha hay una buena línea para calentar motores en el risco: *Hablando de Mujeres* (25 m, V+), por Goli Serrano y Tino Núñez en 1983.

A la izquierda, Carlos en otra clásica que nos hará sudar: *Boulder Paranoia* (6b+) de la Aguja K2, cercana al Puro. Y debajo, retrato reciente del "Trompeta" en su lugar feliz. Abajo a la izquierda, historia de la vía *Metodología*.

FOTOS: COL. CARLOS BARBA

José Manuel "Buzo" ya nos dejaron. «En la actualidad escalo con Gondo, Judith Martin Monte, Rafael Méndez "Perry" y otros, y también suelo escalar conmigo mismo haciendo algunos solos (risas)»

Precisamente en solitario realizó su apertura de la *Corazón Trueno* al risco del Puro, de la que nos cuenta: «La primera vez que me acerqué a este risco fue en 1981 a escalar la vía *Metodología*. La línea de *Corazón Trueno* no la vi o, mejor dicho, no me fijé en esa cara del Puro hasta un día de 2006 cuando, dando una vuelta por las inmediaciones, me acerqué a su base y vi la posibilidad de abrir un nuevo itinerario. La apertura la realicé en solitario en tres largos de aproximadamente 30 metros cada uno. Comencé a abrir la vía en noviembre de 2006 y en varios fines de semana la terminé. Abría desde abajo y solía dejar una cuerda fija para remontar y seguir abriendo entre un fin de semana y el siguiente. Lo que recuerdo especial de esta aventura es que hacía rasca, que estaba solo con mis circunstancias y que me lo pasé muy bien».

Ante la pregunta de qué cambios positivos o negativos ha visto en la escalada en La Cabrera en el casi medio siglo que lleva siendo partícipe de su historia, prefiere no mojarse: «Ha habido muchos cambios desde que empecé, de material, regulaciones, etc. No sé si para bien o para mal, pero es lo que hay. De todos modos, seguimos acercándonos a escalar sus riscos». ∎

UGE GARCÍA

El Puro

Aproximación: desde el aparcamiento de los colegios por el camino en dirección al Pico de la Miel y, pasada la fuente (manantial), seguimos el camino para después de unos metros desviarnos a la izquierda y subir hacia la aguja K2. Cerca de esta aguja nos desviamos de nuevo hacia la izquierda hasta la aguja del Puro. El sendero no es tan evidente. Unos 45 min en total.

Orientación: Suroeste.

Regulación: risco regulado, no escalar del 1 de enero al 31 de julio.

Otros riscos cercanos: además de las alternativas de las distintas caras del Puro, cerca se encuentran riscos como la Aguja K2 (o Cancho Blanco, con su famoso *Boulder Paranoia*, 6b+) y el Tricornio.

1. Corazón Trueno
(75 m, 6c+/Ao).

1ª ascensión: Carlos Barba en 2006.

Itinerario: trepar un poco hasta la base donde comienza la vía. En el L1 un corto muro da paso a una fisura diagonal hacia la izquierda, al final de la cual salimos por una panza ligeramente de frente hacia la derecha para continuar por un muro de pequeños agarres; antes de la R1 hay algún paso delicado con alguna laja suelta.

El L2 salimos hacia la izquierda para remontar un lomo de setas hasta una repisa y ascendemos por un muro de agarres y regletas hasta la R2.

El L3 subimos por el lomo del Puro con unos pasos ligeramente desplomados al principio y luego verticales con agarres y regletas pequeñas. Ya llegando a la cima va rebajando la dificultad.

Material: cintas exprés y algún friend pequeño.

Descenso: 3 rápeles de 30 m por la vía (se puede hacer con cuerda de 70 m en simple).

A. Sentirse Mozart (6b).

B. Despendolao (V+, Ae).

C. Normal (V).

Círculos que se cierran

Con toda una vida vinculada a La Cabrera, Curro nos habla de cómo le ha marcado esta sierra en su desarrollo, cómo aprendió a ver a través del musgo y de liberaciones que conectan el pasado con el presente y crean adicción.

AQUÍ me tenéis de nuevo, para ser una persona que huye de las multitudes y del protagonismo, me veo siempre envuelto en historias que mucho distan de lo anteriormente citado. Y esta vez compartiendo espacio nada más y nada menos que con los históricos de la Cabrera, yo que nada he aportado a la zona, y que tanto me he aprovechado de ella.

Para seros sinceros, he pasado de un estado de exaltación (tras los especiales de la revista *Desnivel* de la Pedriza y Galayos, me hacía mucha ilusión que se hablase de mi querida Cabrera) a un estado de precavido. Tras años de desinformación de la sierra, no me gustaría que la zona "muriera de fama"; pero aquí estoy, aportando un voto de confianza.

No sé si de una forma egoísta, ególatra o subjetiva, os voy a relatar brevemente mis 30 años vinculado a la sierra de La Cabrera. Lo sé, me encuentro en pañales en comparación con la gran mayoría de compañeros que aquí escriben (y seguramente mucho de los lectores igualen o sobrepasen dicha experiencia), pero quizá a alguien le interese otra aportación más.

El comienzo

Comencé a escalar en la Serranía de la Cabrera el siglo pasado (no os dejéis engatusar por la frase, yo soy de pies de gato, friends y cintas exprés; muy a mi pesar, me perdí la época dorada de la sierra), cuando muchos de los que suscriben en estas páginas llevaban ya una dilatada carrera como escaladores, y cuando se estaban abriendo muchas de las rutas de escalada que os presentamos.

Con 18 años realicé junto a un amigo un viaje en bus a Chamonix, allí ascenderíamos (lo que sería mi primera vez) el Mont-Blanc. De ese viaje regresé con grandes experiencias y grandes amigos, uno de ellos (Emilio), fue el que me llevó a escalar por primera vez a la Cabrera. Antes las cosas eran de otra manera, un colega con experiencia te llevaba a escalar, y tú te intentabas empapar de todo (no había cursos, rocódromos, grupos de entrenamiento ni ostias), lo ponías en práctica in situ y de primero, e intentabas no matarte (aunque eso nunca se me pasó por la cabeza). Durante las tardes de septiembre (regresamos de Alpes en agosto), comenzamos a escalar muchas de las clásicas del Pico de la Miel (Ezequiel, Espolón Manolín, Chocolate, Harakiri, etc).

Como recuerdo de esa época, me marcó el sufrimiento y la aparente eternidad de la sucesión de largos del *Espolón Manolín*; el precioso camino de acceso a pie de pared (nada que ver con el camino descarnado de la actualidad); y a frase que me dijo una tarde Emilio: "A ti se te va dar bien esto".

La evolución

Tras cinco años escalando prácticamente a diario en La Pedriza (y de tanto en tanto en La Cabrera), con 23 años, tuve la oportunidad de realizar mi primer viaje al Himalaya. A nuestro regreso, y al cabo

Arriba, Curro una tarde cualquiera en La Cabrera. A la derecha, su hijo Hugo (con 4 años) y Carmen Marchena en la *Ezequiel* del Pico de la Miel; en el *Espolón Manolín* en solo hace unos años y en la fisura *Kike* del Pico de la Miel. Página derecha, en la *Traya* del Cancho Gordo.

FOTOS: UGE GARCÍA

CURRO GONZÁLEZ

CARMEN MARCHENA

del tiempo, Chus Lago (una de mis compañeras de aquella expedición) realizó un proyección en el centro cultural de La Cabrera, que estaba promovida por el club de montaña Escaladores de la Cabrera.

Sin ser muy consciente, este encuentro marcó un antes y después, cambié mi residencia de las faldas de La Pedriza por las faldas de La Cabrera, y conocí grandes personas (Raúl Redondo, Sebi, Emy, Chemari, Tucán, etc.) que me aportaron mucho tanto en mi crecimiento personal como mi crecimiento como escalador.

Durante este tiempo llegué a mi grado máximo de dificultad en la escalada, que inevitablemente transferí a las paredes y agujas de la serranía de La Cabrera, realizando las grandes clásicas de dificultad de la zona y dejando una propuesta por confirmar en la liberación de la vía *Boomerang* (conocida hoy en día como *La cara oculta de la Luna*) en el Pico de la Miel.

El oscuro liquen

Después de una época muy intensa de expediciones y escaladas, caí en un oscuro estado de inapetencia y, una vez más, la serranía de La Cabrera fue mi lugar de cura. Comencé a escalar sin cuerda y a combinarlo con aproximaciones corriendo o

en bicicleta. La idea no era batir récords ni ir a contrarreloj (de hecho, parece que ahora está de moda llamar a esto corretrepa), tampoco matarse; el objetivo era llegar a lo primitivo, realizar un exorcismo, desprenderte de todo.

Así realicé la vía *Ezequiel* de coche a coche en menos de 30'; el *Espolón Manolín* en 36' (a mí, que en mis inicios se me hacía eterno); *Piloto, Espolón Manolín* y *Ezequiel* en 1 hora; el encadenamiento de multitud de agujas en el día, y un largo etcétera que poco aporta a nadie, pero que a mí me ayudó a reencontrarme.

Y el mundo paralelo

Cuando parecía que todo estaba hecho y que poco me quedaba por escalar, el destino me brinda la oportunidad de conocer a la mafia (Loren, Maya, Andrés, el Brujo, Ro…) y un mundo paralelo se abre ante mis ojos.

Yo llevaba tiempo rondando por estos lares (me reconforta mucho la agresividad y poca apetencia de las agujas de la Cabrera; un lugar solitario, áspero y pinchudo), sediento de nuevas aventuras y experiencias, y el encuentro era inevitable. Ellos me enseñaron a ver a través del musgo y del liquen, y me brindaron la oportunidad de conocer la

"otra Cabrera", la que nadie se molesta en conocer. Y, como un veneno, durante ya bastantes años, me dedico a escalar aquellas rutas olvidadas, abiertas por muchos de los que han escrito en este espacio y que no se habían vuelto a repetir o que, en la gran mayoría de las ocasiones, no estaban liberadas (los grados propuestos son orientativos).

De esta forma, se cierra un bonito círculo entre el pasado y el presente, entre el ayer y el hoy.

Y, cuando por fin parece que he escalado todas las vías de la serranía de La Cabrera (algo que nunca se cumple, menos mal), nos embarcamos en la liberación de antiguos artificiales: *Mundos Paralolos* (7b+? expo) en el Perfil de Baco, *Hemorragia* (7c? expo) en el Rincón Sangrante, *Repiso* (L2 7c+/8 a?) en el Risco Gordo, *Boomerang* L3 8 a?), *Hotel Overlook* (L1 7c/+?) y la *Miguel-Ángel* (7c/+?) en el Pico de la Miel, etc. Dando con estas liberaciones un pequeño soplo renovado a la zona, y abriendo el camino para aquellos escaladores que valoren la aventura y la dificultad.

A día de hoy (tras 30 años), no pasa la semana en la que no escalo varias veces en La Cabrera, quién sabe: tal vez el radón, los amigos o el musgo y el liquen creen adicción. // **CURRO GONZÁLEZ**

RAÚL REDONDO

EL «JEFE» DE LA CABRERA

«Hay muy poco respeto por la historia»

Nacido al pie del Pico de la Miel, Raúl fue el primer escalador local y, más de cuarenta años después, sigue en su pueblo y sigue escalando. Policía municipal de profesión, su historia personal se entrelaza con la de la serranía. Hay pocas vías y pocos aperturistas que él no conozca. Desde su legítima tribuna, reclama respeto por el legado de los pioneros.

LOS escaladores que Raúl Redondo (La Cabrera, 1967) observaba con curiosidad desde el patio del colegio iban con maza y clavos. «Por entonces solo se habían abierto las vías lógicas que iban por las fisuras y las chimeneas. Las líneas duras en libre ya empecé a ver cómo las abrían, a principios de los 80», nos cuenta en esta entrevista telefónica. Él mismo se montó en la ola del *free climbing*, de esa generación «que buscábamos el libre, el "escalar bonito"» y tras unos años

más *patonero* y *pedricero*, volvió a la escalada clásica en su pueblo, que ya no ha abandonado más. Ha sido el "jefe" y principal motivador del grupo de escaladores local que ha visto crecer con el paso de los años, acumulando una valiosa información que desde hace años se debate entre compartir o guardar, ante el temor de una posible masificación. La escalada ha sido su salvavidas y la guarida a la que siempre ha regresado tras los palos que le ha dado la vida, el último muy reciente con la pérdida

repentina de su pareja por una enfermedad. De ahí que no tenga ninguna duda en la respuesta a si cree que seguirá o no subiéndose por las rocas en el futuro: «Solo te diré que llevo 45 años escalando y me acabo de comprar un juego de friends».

¿Cómo fueron tus inicios en la escalada?
Fueron directamente en el colegio, que está al pie del Pico de la Miel. A mis compañeros solo les interesaba el fútbol, pero a mí nunca me ha gustado, así que yo me pasaba las horas mirando el Pico, viendo cómo escalaba la gente e imaginándome cómo lo hacían. Por entonces no había ningún escalador en el pueblo, solo los que venían de fuera, aunque había alguno que era de Madrid y tenía aquí casa los fines de semana. A los que venían los llamábamos "los macuteros", que se pasaban el fin de semana subiendo y bajando por la sierra, durmiendo en las obras, en la puerta del colegio o donde podían.

¿Cómo aprendiste lo que era escalar?
Aparte de que era lo que veía, me acuerdo que en la biblioteca del pueblo encontré un manual de escalada, de Agustín Faus y Mª Antonia Simó, del que me aprendí hasta las comas. También mi hermano el mayor me pasó una fotocopia de un croquis de vías del Pico de la Miel que salió en esos años, creo que era de la revista *Alta Ruta* que existía por entonces. Él no escalaba, pero trabajaba con uno que era el dueño de la marca Lhotse y de ahí lo consiguió. Eso para mí fue como el Santo Grial, fue cuando empecé a conocer todas las vías que había.

¿Y cuándo conseguiste por fin escalar el Pico de la Miel?
Ya había subido antes a la cumbre pero caminando. La primera vez que lo subí con intenciones escaladoras fue en el año 80, con 13 años. Yo iba hasta la base, me sentaba a ver a los escaladores y les preguntaba si podía subir con ellos, pero en general no me hacían caso. El primero que me

ofreció atarme a la cuerda fue Carlos Soria, así que gracias a él subí el primer largo de la *Ezequiel*, que fue mi primera escalada. Así seguí un tiempo, preguntando a los que venían, y pude escalar con algunos como el Buzo, el Trompeta y otros.

¿Tenías ya tu propio material?

En el año 82 me compré mi primer *Desnivel* y me acuerdo que, fijándome en un anuncio de la marca Troll, me fabriqué mi primer arnés con cinturón de seguridad de coche. Pero muy bien cosido, ¿eh? Con hilo de náilon grueso, aquello aguantaba.

¿Tus padres te apoyaron con esta afición?

¡Uy! Claro que no. No querían ni oír hablar, tenía que salir a escondidas de casa, sin que se enterasen de dónde iba. Pero, vista la pasión que seguía teniendo con los años, no pudieron pararme.

¿Cómo fuiste evolucionando después de esas primeras escaladas?

Conocí a Fernando Negro y Daniel Jiménez, que eran escaladores de los que tenían en La Cabrera una segunda residencia. Fueron muy activos a principios de los 80; habían abierto vías como la *Thanatos* del Pico de la Miel, una variante del *Ma-*

nolín y otras cuantas. Con Daniel escalé por primera vez una vía completa, que fue la *Oeste* de la Aguja Sin Nombre. Yo tenía unos 15 años y él unos 22 o así. Luego me presentó a Fernando, que era más serio, no le gustaba tanto la fiesta como a Dani, así que ya empecé a salir con él más seguido los fines de semana. Hicimos vías como la *Raquel* (que la había abierto Fernando en honor a su novia, Raquel, que también escalaba), la *Chocolate* y otras que había por entonces. También sus dos hermanos más pequeños escalaban y, junto con otro amigo, Ovidio, que también se unió, formamos una "familia" de escalada durante unos años, saliendo prácticamente todos los fines de semana.

Tus amigos del pueblo, ¿ninguno se animó contigo?

Ninguno. Es más, me veían como el raro, de ahí me pusieron el mote de "el cabras" con el que todavía me llaman algunos *(risas)*.

¿Escalabas fuera de La Cabrera también?

Ya cuando empecé a tener ese grupo de compañeros de escalada más o menos fijo sí que salíamos a otras zonas. Yo no tenía coche, íbamos en el de Fernando y luego en el de Ovidio. Fuimos a Pedriza,

Arriba, disfrutando de la escalada y los amigos. Izquierda, en 1985, saliendo a cumbre por el techo original de la *Chocolate* (6a), con el arnés que se fabricó él mismo. Abajo, reequipando su vía *Durruti* (6b) al Pico de la Miel.

Izquierda, en el homenaje por organizar cinco ediciones de los «Rally 12 horas y pico»; y durante una nocturna al *Espolón Manolín*. Arriba, en uno de los Carnavales de Bloque que organizaban desde el Grupo de Escaladores de la Cabrera. Derecha, celebrando su llegada a Santiago de Compostela tras pedalear desde La Cabrera durante siete días, en 2018. Y en la *Julito* del Pico de la Miel.

Galayos y a otros sitios más lejos, como Riglos. En esa época todo mi material estaba compuesto por cuatro mosquetones, dos empotradores y una cuerda de 40 m y 9 mm, pero como tenía amigos escaladores mayores que venían de Madrid a pasar el fin de semana a La Cabrera, me prestaban material. Me juntaba con dos cuerdas y una docena de mosquetones y con eso hemos llegado a escalar cuatro personas, yo de primero y los otros tres –que sabían aún menos que yo– detrás en plan cremallera. Teníamos más ganas y entusiasmo que conocimiento y material, pero allí íbamos. Hasta los 18 años no tuve mis primeros pies de gato y un arnés de verdad también por entonces, que me lo regaló mi familia escaladora en un cumpleaños.

¿Nunca has tenido ningún accidente?
Aquí en La Cabrera he escalado mucho en solo integral, vías como la *Piloto* (agarrándome a los buriles cuando lo eran), el *Espolón Manolín*, la *Ezequiel*, combinaciones variadas... Y también teníamos una época en la que destrepábamos muchas vías. Total, que un día iba por allí yo solo y en la rampa que hay para acceder a la *Trompeta*, destrepando me escurrí y al caer me rompí el menisco de la rodilla derecha. Tenía 17 años; anduve cojo unos dos años y con secuelas muchos más. Claro que seguí escalando igual, y todavía no paro.

¿Pero seguiste escalando sin cuerda?
Hasta los 22 años o así seguí haciendo solos en vías que conocía muy bien, muchas veces era por-

que no encontraba compañero y me aburría de hacer solo búlder, pero después ya lo fui dejando.

¿Cómo te planteaste lo de ser policía en La Cabrera? ¿Siempre has tenido claro que querías vivir aquí?
Sí, yo quería trabajar en mi pueblo. Antes estuve trabajando 4 años en Iberia, llevando una furgoneta a los de mantenimiento, pero los horarios eran muy malos, estaba lejos, tenía pocos fines de semana libres... Así que cuando salieron las dos plazas de policía para La Cabrera ni me lo pensé. Me presenté, saqué una y desde entonces aquí estoy; llevo ya 34 años.

En todos estos años, ¿cómo ha sido tu evolución como escalador?
No he dejado de escalar nunca, pero he ido con las tendencias, claro. A finales de los 80, pasamos de la clásica en pared tanto aquí como en Pedriza o Galayos a la deportiva principalmente en Patones. Con Ovidio abrimos unas cuantas vías en Patones en esos años. Luego ya en los 90 la gente marchó sobre todo para Cuenca, pero yo por entonces todavía estaba trabajando en Iberia con horarios malos y no podía viajar mucho. También cambié de compañeros. En 1991 Fernando murió (tristemente por un cáncer cuando era muy joven), sus hermanos dejaron de escalar, Ovidio se fue a vivir a otro lado y aquel grupo se separó. Dejé de tener compañeros fijos y me fui juntando con distintas personas por temporadas; por ejemplo con los hermanos Martín,

que eran de por aquí; o con José Carlos Ramírez, con quien escalé unos años y abrimos dos vías en el Pico de la Miel, la *Durruti* y la *Rosario*. Otras muchas veces no escalaba porque no encontraba compañeros. En esos años me aficioné también a la bicicleta de montaña. Hasta que un día llegó un chaval que se mudó a La Cabrera, Óscar Carrera, y fue el inicio de una cordada y una amistad que dura hasta hoy.

Ahora ya hay muchos escaladores viviendo en La Cabrera, ¿no?
Sí, cada vez han ido viviendo más. Con Óscar formamos el Grupo de Escaladores de La Cabrera, que en su mejor momento llegamos a ser unos 40 socios; no solo gente de La Cabrera, también de los alrededores, como Torrelaguna, Patones, Pedrezuela o incluso de Madrid o Toledo. Organizábamos muchas actividades, por ejemplo el Carnaval de Bloque, el Saludo al Verano, la Clásica de Picos, un viaje anual a Tarradets... Muchas quedadas para ir a escalar tanto por aquí como salidas fuera. Sobre todo fuimos muy activos desde finales de los 90 y primera década del 2000. También hacíamos encuentros para poner proyecciones, venían escaladores a dar charlas... Recuerdo una vez que vino Sebastián Álvaro a proyectar *Nueva dimensión* y la sala superó el aforo de 180 personas. Durante años pedimos un local al ayuntamiento para reunirnos y hacer un rocódromo pero nunca nos hizo ni caso; al final cogimos un local de alquiler entre todos y lo montamos allí, que llamamos "La colmena" y todavía

sigue abierto, con más de 30 usuarios. E igualmente en los años más activos del grupo nos dedicamos a recuperar y reequipar vías antiguas.

También empezamos a organizar los« Rally 12h y pico» de La Cabrera, al principio como un evento del grupo; incluso la primera edición celebramos la comida posterior en la parcela de mi casa. Lo estuve organizando durante cinco años, después ya dimos el relevo a otros.

Y el blog *escaladoresdelacabrera.org*, que tiene muchos croquis, también es vuestro...
Sí, lo llevamos entre la gente del grupo, yo hago los croquis y Óscar hace toda la parte informática. Durante unos años lo tuvimos muy activo, lo usábamos para compartir las actividades de los miembros, como un punto de encuentro fácil. Pero hace ya bastantes años que no lo actualizo ni subo ningún croquis nuevo. Me cansé de que cualquiera los cogiera y los republicara en su blog como si fueran suyos, sin citar ni siquiera la autoría.

¿De cuál de tus aperturas guardas mejor recuerdo?
No he abierto demasiadas vías, siempre he sido más escalador que aperturista. Hay gente muy "ansias" que está fusilando sistemáticamente todas las piedras de La Cabrera; es una actitud que no comparto, soy de esa generación en la que solo abríamos por sitios por los que nos podíamos subir. Y también hay gente que está abriendo en zona de anidación de buitres que les pedí que no publicaran, porque si no

FOTOS: COLECCIÓN RAÚL REDONDO

Raúl en el tercer largo de la *Esteban Altieri* (6a+) del Pico de la Miel, y debajo, abriendo la *vía Gorka* (135 m, 6c+) en la cara suroeste del Cancho Largo o Pajarito, dedicada a su hijo.

atraía la montaña, aprendía a escalar en la pared y conocía los nombres de los aperturistas, se les respetaba... Hoy los chavales aprenden en el rocódromo, no conocen la historia de la escalada y no les interesa para nada. Ven la escalada solo como un deporte, nada más. Para nosotros era más pasión; la cultura formaba parte de la escalada.

¿Qué nombres destacarías que hayan contribuido al desarrollo de la escalada en La Cabrera?

Creo que esa generación de principios de los 80, que fue la primera en equipar vías que subieron la dificultad, como el "Trompeta", Julio Marina, Maya, "Chamonix"... dejó un buen legado. Seguramente fueron quienes más impulsaron la escalada. Lo que ocurrió luego en los 90 es que La Cabrera entró en decadencia. Con el auge de la deportiva la gente se fue a Patones, a Cuenca y a otras escuelas, y La Cabrera quedó bastante en el olvido. A mí también me pasó, pero a finales de los 90 ya retomé la escalada clásica, sobre todo aquí, y actualmente es lo único que hago. También a nivel personal en 2005 tuve una operación por una hernia discal, cogí una infección bestial que casi me lleva al otro barrio y me costó más de dos años recuperarme, tanto a nivel físico como emocional. Los médicos me decían que con suerte volvería a andar con muletas, pero yo tenía claro que iba a volver a hacer lo mismo que antes. Y, efectivamente, mis mejores escaladas las he hecho después de la lesión, así como grandes rutas en bici, que igualmente he vuelto a practicar.

¿Cómo ves el futuro de la zona?

Veo que tiene que pasar por preservar lo que tenemos y siempre respetando el entorno. Yo mismo he sido de los que no ha cortado nunca una rama que no haya hecho falta, incluso hay vías que ni siquiera he querido quitar el musgo, como en la *Durruti*, una placa que solo está limpia la roca en los lugares donde tienes que poner los pies y las manos. La gente no la hace porque se cree que está sucia pero no lo está; es así. Tanto esa como la *Rosario* las reequipamos con parabolts.

Hace más de 30 años que estoy recopilando material con la intención de hacer una guía, pero una en la que también salgan los aperturistas, que incluya la historia. Tengo ya más de 400 vías catalogadas, pero cada vez que cojo impulso pienso en que si la publico esto se va a empezar a masificar, y no es lo que yo quiero para La Cabrera. Me da miedo porque veo que la cantidad de gente que viene se está multiplicando; no solo escaladores, también mucho senderista. Y aquí, al no tener la figura de Parque Nacional que tienen otras zonas cercanas, la gente no lo respeta igual, se piensan que pueden hacer lo que les dé la gana. // **E.M.**

FOTOS: COLECCIÓN RAÚL REDONDO

se va a empezar a meter ahí la gente sin respetar la regulación y nos van a cerrar el chiringuito.

Dicho esto, sí que he abierto alguna vía, y entre ellas guardo un recuerdo especial, por la época y la dificultad de la vía, de la *Comadreja Free* del Cancho Gordo, que va por debajo del techo y sale por una fisura a la izquierda. La abrí con Fernando Negro en el 87 con cuatro pitones, algún rurp y dos friends; lo que teníamos. Poco antes Fernando y Luis Negro habían abierto la *Quebrantahuesos*, que va por el paño central liso (en artificial, que costó mucho meter los buriles porque es un granito muy duro) y la nuestra sería como una variante de salida de esta.

También estoy muy orgulloso de la vía *Gorka* del Pajarito o Cancho Largo, que abrí con Julián Tara-villo y Jorge Martínez en 2012, y se le dediqué a mi hijo en su décimo cumpleaños.

¿Queda potencial para nuevas aperturas?

Lo evidente y lo factible está casi todo abierto. Más que abrir cosas nuevas, lo que haría falta es que se recuperen y se limpien vías. Pero que la gente sea honesta, si ven que hay rastro de alguna vía, que no se separen un metro y luego digan que han abierto una vía nueva, que parece que hay muchas ganas de protagonismo y se ponen a "reabrir" vías que ya existían en los ochenta.

Creo que uno de los problemas de la escalada hoy en día es que la gente tiene muy poco respeto por la historia. Antes el que escalaba era porque le

112 PÁGINAS
16,5 x 22 cm

18 €

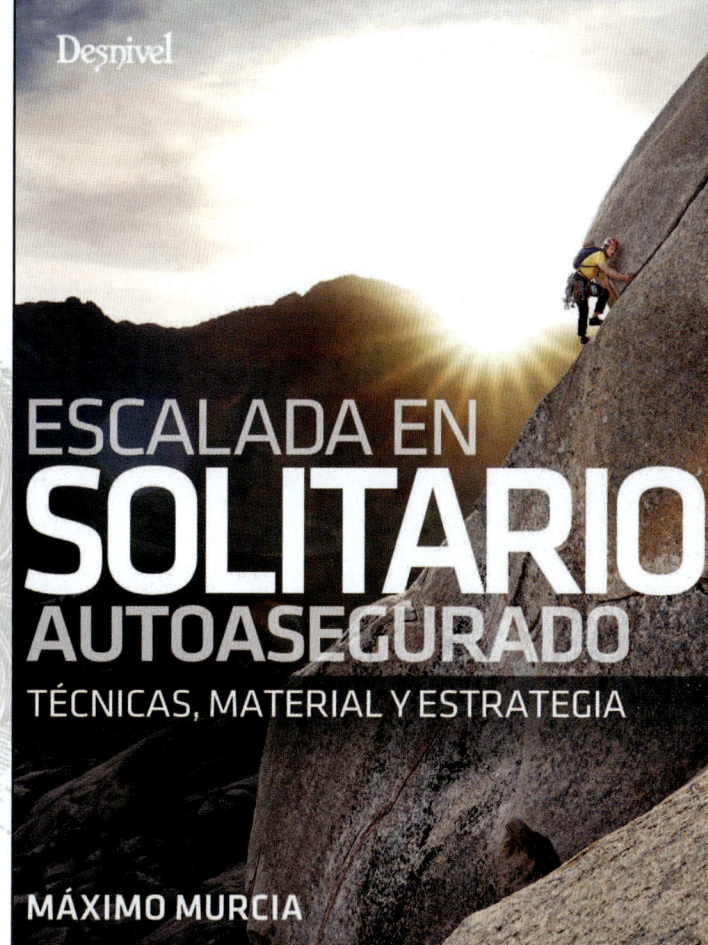

ESCALADA EN
SOLITARIO
AUTOASEGURADO
TÉCNICAS, MATERIAL Y ESTRATEGIA

MÁXIMO MURCIA

224 PÁGINAS
16,5 x 22 cm

21 €

TRUCOS Y
TÉCNICAS
PARA IMPREVISTOS EN
ESCALADA
CLÁSICA

EWALDO SANDOVAL   Desnivel

Elena Rodríguez de Soto –asegurada por Andrés Moreno– en el largo clave de la *Esteban Altieri* (150 m, 6a+), una de las más valoradas del Pico de la Miel, abierta a finales de los 70, que hoy ofrece una escalada semiequipada.

EL PICO DE LA MIEL

Rey de la sierra

En este artículo polifónico repasamos la historia de la pared principal de la sierra, con la intervención de distintos testigos y protagonistas que han ido sumando nuevas líneas en las sucesivas décadas.

COMO narra Narciso de Dios, erudito de esta sierra, la presencia humana en La Cabrera se hunde en lo profundo de la Historia: se han encontrado restos arqueológicos cerca del Cancho Gordo, correspondientes a la Edad de Bronce; también, próximo al Convento de San Antonio (siglo XI), en el Cerro de La Cabeza, se halla un Castro Celta (siglos IV-V a.C.), una lástima que esté abandonado. La zona fue reconquistada a los árabes por Alfonso VI en el siglo XI, perteneciendo la actual comarca llamada Sierra Norte al Señorío de Buitrago, dependiente de Segovia.

En el *Libro de la Montería* del rey Alfonso XI (siglo XIV), en su Libro Tercero se cita a la sierra de La Cabrera y al Pico de la Miel como "el Yelmo de La Cabrera", seguramente por su semejanza con el de La Pedriza. Posteriormente cambió su nombre al actual, habiendo dos teorías al respecto: una, debido a las colmenas de abejas que había en sus laderas, donde la gente del pueblo iba a recoger miel; y dos, en el habla mozárabe la palabra *mel* (varón) se pronunciaba miel; el propietario de la zona, según un documento de Segovia de 1290 era un tal Gonçalo Mello… ¿Podría derivar de esto su nombre, igual que el cercano Mondalindo deriva el suyo del de su propietario: Monte de don Galindo?

Antes de que los escaladores miraran con ojos deportivos la roca del Pico de la Miel, se tiene constancia que los jóvenes del pueblo de La Cabrera, mientras pastoreaban su ganado, se subían por las paredes y canchales de la sierra para llegar a los nidos de grajo y miel, más impulsados por la necesidad que por la superación de ninguna gesta. No fue hasta mediados de los cincuenta cuando se empezó a acudir a la zona con mentalidad montañera.

A continuación, repasamos en orden cronológico las primeras vías que se abrieron antes de la aparición del pie de gato, entre los 50 y los 70. Unos años de exploración en los que, a base de esfuerzo y limpieza de musgo y de zarzas, se crearon muchas de las vías que son hoy grandes clásicas que se siguen repitiendo.

Piloto, la primera del Pico

Existen diversas teorías sobre la apertura de esta vía, si bien la más extendida es la que nombra a Francisco Brasas y Antonio Huécar como sus aperturistas en el año 1957. Ambos eran nombres destacados del momento, especialmente Paco Brasas, que contaba con aperturas como la *Oeste clásica* de la Aguja Negra de Galayos (con Salvador Rivas y Pedro Acuña, integrantes de la "cordada del Perro que fuma").

Sin embargo, existe otra versión sostenida por Miguel Ángel Matesanz que asegura que aquello no debió ser más que un intento pues, en su posterior escalada junto a otros compañeros, solo encontraron un buril en la parte inferior y nada en los tramos claves. Esta teoría afirma que los aperturistas serían el propio Miguel Ángel Matesanz junto a Enrique Ballesteros, Emilio García Viel, Eduardo Sánchez Martín y su hermano Federico Sánchez Martín "El

FOTOS: UGE GARCÍA

DANI CASTILLO

Inglés", y como tal aparece recogida en un artículo de la revista de la Sociedad Deportiva Excursionista (SDE) de diciembre de 1966. En la misma, se explica que llamaron a la vía *Piloto* en homenaje al anterior presidente de su Grupo de Montaña: Fernando Ruiz Lucientes, pues era un piloto de vuelo sin motor. Los recuerdos del pionero César Pérez de Tudela le llevan a creer que la apertura de la *Piloto* es obra de los escaladores de la SDE. También comenta hacer escalado con tacos de madera y pasos de artificial, durante un curso, la fisura de la izquierda del largo clave de la *Piloto*, hoy llamada *La Última Oportunidad* por unos y *Superpiloto* por otros. Esta fisura es hoy uno de más hermosos largos del Pico en libre y limpia de equipamiento.

Rivas/Acuña, la firma de dos grandes

Línea que, por lo explicado en los párrafos previos, se disputa con la anterior la inauguración de la escalada en la pared Sur del Pico de la Miel. Catalogada en su momento como D Sup, fue trazada por Salvador Rivas y Pedro Acuña en el año 1957. Ambos eran dos destacados escaladores del momento, que dejaron sus apellidos en grandes clásicas, como la *Rivas/Acuña* de la Punta María Luisa, en Galayos, entre otras. Pedro Rivas fallecería unos años después, en 1961, durante la primera expedición española a los Andes del Perú.

Hoy en día es una vía que se sigue repitiendo habitualmente, si bien en la actualidad es más habitual empezar por la *Casera Atómica*, evitando la expuesta placa de regletas, más a la derecha. La curiosa, y no fácil, travesía del tercer largo, también se escala poco, por su exposición… aunque ambos tramos son bellísimos. Bajo

PICO DE LA MIEL

ZONA OESTE   ZONA SUR   ZONA ESTE

1 – VIA DE LA SARDINA (SIN CROQUIS)
2 – VIA DE LA PALOMA (SIN CROQUIS)
3 – VARIANTE DE SALIDA "JOSE ANGEL" DE LA VIA DE LA PALOMA (SIN CROQUIS)
4 – VIA GUARRA
5 – VIA RIVAS-ACUÑA
6 – VIA GUIRLES
7 – VARIANTE DE SALIDA DE LA VIA PILOTO
8 – VIA PILOTO
9 – VIA CHOCOLATE
10 – VIA DEL DIEDRO LOQUILLO
11 – VARIANTE DE ENTRADA DE LA CHIMENEA A LA VIA DEL DIEDRO LOQUILLO
12 – VIA DEL ESPOLON DE MANOLIN
13 – VIA EZEQUIEL
14 – VIA DE LA BAVARESA
15 – VIA LOPEZ-MUÑOZ (SIN CROQUIS)
16 – VIA TICUPA
17 – VIA ANONIMA

J.HIDALGO

NOTA DE LA REDACCION

Siendo imposible meter en un solo número toda la información sobre La Cabrera, este número lo hemos dedicado al Pico de la Miel, única y exclusivamente. Lo relativo a las Agujas y demás parte de la Sierra lo introduciremos en el próximo número si es posible, y si no cuando podamos.

Agradecemos la colaboración de aquellas personas que han ayudado para la realización de este "Especial La Cabrera", sobre todo a Daniel Jiménez, Fernando Nieto, Juan Lupión y Teodoro Martínez, así como al Club Peña Blanca.

Todo aquel que tenga alguna vía abierta en este macizo, ó conozca nuevas vías, que manden todo lo posible para reseñarla (fotos, croquis, comentario, etc.).

24   25

A la izquierda, una cordada en la *Ezequiel*, debajo, Helena Ikasten en la *Rivas/Acuña* y a su derecha, Óscar Carrera en el liso diedro de la *Loquillo*. En esta página, Manolo Martínez 'Musgaño', pionero del libre a finales de los años 70, escala la *Piloto*, otra de las grandes clásicas. Abajo, uno de los primeros croquis publicados del Pico de la Miel, en el nº 3 de la revista *Alta Ruta*, en diciembre de 1977.

nuestros pies en la travesía, aún queda la huella de un viejo buril, pues por ahí pasaron con un paso de estribos.

Ezequiel, la clásica más asequible

Abierta en 1969 por Ezequiel Conde Boal y J. Domingo, hoy es una de las clásicas más repetidas por su dificultad amable. Narciso nos explica que «cuenta con un curioso largo de la cueva, en el que los aperturistas tuvieron que tirar algún bloque suelto, según una vez me contó el propio Ezequiel. Originalmente la R2 se montaba bajo la cueva; ahora se escala un muro de pequeños agarres sobre la actual R2 de parabolts, evitando el paso vertical y atlético de la izquierda. Esta vía la usábamos Daniel Jiménez y yo para bajar del Pico de la Miel, destrepando con la cuerda, aunque Daniel, si iba solo, lo hacía sin cuerda».

Loquillo y su diedro

Cuando Rafael González Durán "Loquillo" (nacido en 1952) fue por primera vez a La Cabrera tendría unos 18 años y ya llevaba unos años escalando por otras zonas, especialmente en La Pedriza (donde abrió la

Loquillo del Pájaro en 1971). Sus inicios están ligados al grupo Scout al que pertenecía, que les llevaron de excursión al convento de La Cabrera. «Por entonces la única vía que se conocía era la *Piloto*, aunque ni siquiera la llamábamos así al principio. No nos preocupábamos por ponerle nombres a las vías. Escalábamos esa y luego otras veces simplemente subíamos por cualquier lado, buscando la aventura, durmiendo en las repisas. No teníamos ni saco, pero hacía buena temperatura».

Ya con el club Peña del Águila al que perteneció después, y con mentalidad escaladora, abrieron dos vías a la izquierda del Pico, la *Paloma* y la *MariPaz*, ambas llamadas así por dos de las poquísimas mujeres que escalaban con ellos en esos años (Mari Paz Arroyo, hermana del escalador Daniel Arroyo); hoy caídas en el olvido.

Sobre su conocido *Diedro Loquillo*, recuerda que fue en 1975: «La abrimos de una forma bastante pintoresca, porque ni siquiera teníamos planeado abrirlo. Estaba con José Ángel Lucas abriendo la chimenea que va justo a la derecha y, como vimos que no tenía salida, bajamos y nos dimos la vuelta detrás del Pico de la Miel,

para explorar por dónde podíamos salir de la chimenea. Nos descolgamos y llegamos a la entrada de la chimenea, que es como una cueva, y casualmente daba justo en una placa que está por encima del diedro. Ahí fue cuando decidimos abrir el diedro, al que fui al cabo de unos días, esta vez con José Luis Canogea. Nos costó, no logramos pasar ese mismo día, abandonamos a mitad de diedro, pues no teníamos material suficiente. Luego volví al cabo de los días otra vez descolgándome desde arriba, desde un árbol, y ahí ya pude meter el famoso buril. Por final, al cuarto intento, volví de nuevo con José Ángel Lucas a hacerlo desde abajo, y gracias al buril, pudimos superar esa parte y seguir hasta arriba». Más tarde el buril fue sustituido por parabolts (varios) y fue escalado en libre por Juan Lupión unos años después.

Además de estas vías del Pico de la Miel, Rafael cuenta con otras aperturas en el Pajarito o el Risco sin Nombre que no llegaron a bautizar y que posteriormente fueron "reabiertas" y rebautizadas. Unos años después se mudó a vivir a Zaragoza, desde donde su terreno de juego pasó a ser principalmente el Pirineo. José Ángel

Lucas falleció en el descenso del *Espolón Walker* de las Jorasses en 1973.

La Guirles/Campos

Destacados miembros de los UBSA (Unión de Buitres Socialistas y Anarquistas), Daniel Guirles y Luiso Campos formaban una sólida cordada que dejó su huella especialmente en la Pedriza (con vías como la *Clavel Rojo* del Hueso o la *Guirles/Campos* del Yelmo). Sobre su vía del Pico de la Miel, que abrieron en 1973 cuando eran apenas unos chavales y, en su momento, llamaron *Vía Titi*, Luiso recuerda: «Nos subimos a posta con una hamaca para entrenar para los Alpes y se pasó toda la noche lloviendo, pero no pensamos en bajarnos, ¡teníamos que endurecernos!». Tras superar la noche, en la que también tuvieron la visita de unos ratoncillos que se metieron en sus bolsas de comida, se bajaron empapados a la mañana siguiente. No tardaron mucho en regresar y finalizar la línea, superando con buriles en artificial el techo, que en su momento graduaron de D.sup-A2 (hoy 6b/Ae). Sin duda fue un buen entrenamiento, pues en 1975 Guirles escaló la norte del Eiger y al año siguiente ambos hicieron la primera nacional a la *Directa Americana* del Dru, cuando tenían 19 y 18 años (junto a Pepe Guerrero y el Tronko en otra cordada).

Sobre el estado actual de la vía, Narciso explica: «Este sector ha caído en el olvido, pues la vía suele iniciarse por la *Rivas/Acuña* o por la *Casera Atómica*. El diedro del cuarto largo hace unos años perdió la encina que permitía el paso del techo; desde entonces, una fisura difícil, de izquierda a derecha, lleva bajo el techo, del que ahora se sale por la izquierda cuando la original era por la derecha, para llegar a la reunión actual». Ante los cambios que sufren algunas vías con los reequipamientos, Guirles se posiciona: «No me parece bien la tendencia de cambiar las vías sin respetar lo que hicieron los aperturistas. Una cosa es cambiar un buril por un parabolt, pero otra distinta es cambiar el carácter o el trazado de la escalada».

Raquel y Diedro Ticupa

Daniel Jiménez y Fernando Negro fueron dos destacados escaladores de mediados de los 70 que frecuentaron La Cabrera por tener en este municipio su segunda residencia (tal y como recuerda el local Raúl Redondo, a quien iniciaron en estas artes). En el Pico de la Miel crearon la vía *Raquel*, cuyo trazado actual difiere un poco del original. Catalogada como MD inf, hoy es una única tirada que se considera una "salida directa de la *Guirles/Campos*", no demasiado frecuentada. Raquel es el nombre de la entonces novia, después esposa, de Fernando Negro, quien falleció joven por enfermedad. De esta cordada a finales de los 70 también es la *Thanatos*, hoy 6a+/Ae.

De esos años es el *Diedro Ticupa* (D, A1), que abrieron Teodoro Martínez, Antonio Cano y Antonio Muñoz Vizcaino. Por encima del segundo largo, Fernando Negro y Daniel Jiménez abrieron una variante de salida. Hoy se escala el primer diedro hasta la plataforma de la R1, para superar un segundo diedro sobre ella: esta opción se puso de moda en los 80 pero la original iba por el muro desplomado de la izquierda, superándolo con una sucesión de buriles en artificial; hace muchos años que estas buriladas desaparecieron. En 1978 Daniel Jiménez y Pedro Pablo González Bris escalan el diedro en libre por primera vez.

Bavaresa Blanca

Sobre la apertura de esta otra clásica (MD en su origen) hay, como en otras, una discrepancia. Como cuenta Narciso: «Daniel Jiménez y Pedro Pablo González Bris escalan por primera vez esta línea, pero,

A la izquierda, Loren Borrero en el techo de la *Guirles/Campos* (bajo el que soportaron una noche de tormenta sus aperturistas); al lado, tres pioneros: Fernando Negro, Daniel Jiménez y Fernando Reoyo. Abajo, Esteban Altieri (en el círculo) camuflado entre el musgo que cubría la pared sur, comenzando la vía que, póstumamente, sería bautizada en su honor. En esta página, abajo, Narciso de Dios en la cumbre del Pico de la Miel tras subir esquiando un 10 de enero de 2021, en plena Filomena, que dejó las paredes blancas (izquierda).

nó mucho en el círculo de escalada del momento, especialmente por la dificultad que entrañó el rescate de los cuerpos. Ya sin este miembro de la cordada, el resto continuó con la labor de la apertura, inaugurando una línea que quedó para siempre unida al joven Esteban Altieri.

Otras de los 70 ya olvidadas

Además de las vías *Paloma* y *MariPaz* mencionadas por Rafael Durán, en los setenta se trazaron otras líneas que, con el implacable crecimiento del musgo y las "reaperturas", no existen actualmente. Vías como la *Sardina*, por D. Jiménez, F. Negro y Pablo G. Bris (en 1971-72), y otras como la *Guarra*, la *López-Muñoz* o una "Anónima" del Callejón Soyermo que iba por unos raros desplomes, en la que algún veterano asegura haber visto a César Pérez de Tudela.

También el *Espolón Manolín*, la *Chamonix* y la *Chocolate* son de esta prolífica década, como nos cuenta uno de sus aperturistas a continuación. ∎

---

como habituales de la zona, no la reseñan: fue entre 1975 y 1976; algo después, Teodoro Martínez, Antonio Cano e Isidro García Morató (del Club Alpino Maliciosa) se apuntan la primera. Sin embargo, en algunos lugares se indica la existencia de una variante, que atribuyen a Daniel Jiménez, en los largos superiores a la bavaresa». Recibe su nombre por la característica bavaresa del primer lago (hoy 6a).

Vía Cobo

Abierta por Fernando Cobo y Pedro Coronado el 4 de junio de 1978, fue bautizada en su inicio como *BelMar*, acrónimo de Isabel y Marisa. Como nos cuenta Fernando Cobo en el artículo del Atisbadero, fue la segunda apertura de su vida, cuando tenía 17 años, que implicó una brutal caída de la que le salvó el instinto. Fue restaurada por Cobo-Narciso-Ibarzábal en 2021.

Esteban Altieri

Cerca de acabar la década, en 1978, se incorporó una vía que estableció un nuevo hito en dificultad en la sierra. Como era habitual en esos momentos, el trabajo más árduo fue el de limpiar de musgo y zarzas la pared. Los hermanos Juan y Esteban Altieri, con solo 15 y 17 años de edad, fueron los primeros en visualizar la destacada fisura de la vía. Según recuerda Juan, habían empezado a escalar un par de años antes, gracias a las excursiones promovidas por el Club Rutas de San Bernardo al que pertenecían. La apertura de la vía no fue obra de una sola cordada, sino más bien un trabajo en equipo de un grupo de amigos, que se iban turnando especialmente en las la-

bores de limpieza de la pared. Entre ellos se encontraban Juan Lozano, Gregorio Arranz y Manuel Segovia, que contribuyeron a abrirse camino con los rudimentarios materiales del momento, subiendo en artificial pero ya con la intención de resolver el máximo posible en libre. Durante esta apertura, que se prolongó en el tiempo, ocurrió un fatídico accidente en Galayos, cuando una avalancha se llevó la vida de Esteban, junto al de otros cuatro alpinistas valencianos. Un episodio que reso-

FOTOS: COL. NARCISO DE DIOS

Narciso de Dios, afincado en La Cabrera, es un enamorado de esta sierra: «Mi primera visita fue en 1978 cuando escalé la vía *Ezequiel* con Helena del Pozo y otro compañero. Luego, junto con Daniel Jiménez, se convirtió en nuestro lugar favorito para entrenar, haciendo hasta tres vías en el día y descendiendo por la *Ezequiel* destrepando. Son tantos los cursos que he impartido aquí que he perdido la cuenta. Aunque he repetido bastantes de sus vías más de 30 veces, mantengo una relación personal con el *Espolón Manolín*, que habré escalado más de 150 veces. Me gustó mucho combinar diferentes vías en una misma escalada. Recuerdo haber escalado con Daniel por sectores de roca sin huella de paso y que luego se han anotado otros en sus aperturas… pero esto es tónica habitual en el Pico».

ESPOLÓN MANOLÍN
La vía más repetida de la Comunidad de Madrid

No todos los días se tiene el lujo de escalar una clásica de estas dimensiones con uno de sus aperturistas, así que allá vamos a recorrerla con **Miguel Ángel Atance,** conocido en el mundillo como "Chamonix".

S l eres escalador/a de Madrid es muy difícil que en tu libreta no esté el *Espolón Manolín*. Es la vía que todo el mundo quiere hacer, donde llevas al colega que no escala mucho para que flipe con un poco de todo: adherencia, fisura y un espectacular muro vertical con cantos que es una delicia de escalar. Su facilidad de acceso, longitud y equipamiento contribuye a su merecida fama. «No hay un solo fin de semana que no haya cordadas en la vía», asegura Raúl Redondo, que nos acompaña en esta escalada. Y la prueba está en que, incluso un día laborable como hoy, hay ya una cordada metida y otros jóvenes en su base.

«No te puedes imaginar la de zarzas que había por esta zona, lo que nos costó abrirnos camino» explica Miguel Ángel, con la motivación intacta a sus casi 67 años. Retrocedemos medio siglo, hasta mayo de 1976, para imaginarnos a un chaval de apenas 17 años luchando contra los zarzales para llegar a la roca, «hasta nos dejaron una hoz en el pueblo; Manolo y yo estuvimos como un mes subiendo para limpiar no solo el acceso, también la roca; era todo tierra, musgo, zarzas y matojos». Eso es por donde empieza actualmente la vía, al pie del espolón, pero, tal y como nos cuenta Chamonix, no fue por ahí donde iniciaron la escalada. La apertura se compone de varios actos.

En primer lugar, unos meses antes, Miguel Ángel y José Miguel López Larena habían accedido a la repisa central de la cara sur, haciendo travesía desde el inicio de la *Piloto*. Ahí abrieron un largo (que no es por donde transcurre en la actualidad) y salieron por la vía *Ezequiel*. Fue después cuando Miguel Ángel y Manolo pensaron en explorar la parte baja y hacer las labores de jardinería relatadas. Ambos se conocían de un club de montaña de Tetuán, en el que también estaban otros escaladores como Rafael González Durán "Loquillo".

Los recuerdos de sus inicios, cuando era apenas un niño, se tejen con excursiones promovidas por el colegio: en una acabó buscándoles la Guardia Civil cuando se perdieron por la Maliciosa en pleno invierno y en otra acabaron durmiendo en el Tolmo de la Pedriza, donde le impactó tanto ver a un escalador subiéndose con estribos que al poco ya se había construido sus propias "escaleritas" con trabillas y cuerda de persiana.

Pero volvamos al *Espolón Manolín*, donde Chamonix ya se ha atado la cuerda y está subiendo el primer largo por el diedro de la izquierda (entrada original) hasta la primera reunión, encima de una gran laja: «Todo esto ni se veía, estaba completamente cubierto de musgo y tierra, teníamos que ir con un cepillo limpiando para poder pisar con las cletas», explica Miguel Ángel, y pasa a relatar la apertura del tercer largo: «Aquí no teníamos nada que nos sirviera para hacer la reunión, así que Manolo se empotró como

Arriba, Miguel López Larena en una repetición del *Espolón Manolín* a principios de los 90 (en la foto del medio, asegurado por 'Jabato') y debajo, Chamonix abriendo su *fisura Chamonix* en 1977 (cigarrillo mediante), la misma que señala en la foto de la página derecha, abajo, 48 años después. A la derecha, el día de la entrevista en el *Manolín*: ¡más ambiente que en la Gran Vía! Página derecha, arriba, escalando junto a la placa en memoria de Manolín que puso en 1976.

pudo en la laja, puso un cordino y desde ahí me aseguraba, con la cuerda alrededor de la cintura. Me metí al diedro de arriba y lo mismo que abajo, era todo un zarzal. Me puse a escalarlo en artificial pero solo teníamos dos clavos, así que iba metiendo uno arriba y sacando el de abajo. En eso estaba cuando el clavo del que estaba colgado se salió y me di un vuelo que, por suerte, Manolo me pudo parar, ahí sentado con la cuerda en la mano». Volvieron otro día con más material y pudieron terminar el diedro: «Ahí había un matojillo que quité y pude meter un universal que entró a muerte y me dio toda la vida para hacer la travesía hasta la repisa de debajo del muro». Muchos de los clavos que usaba se los hacía él mismo, que por entonces trabajaba de mecánico.

Llegamos ya a la base del característico muro de setas de la vía, que hoy se escala por su centro gracias a las chapas, pero que cuando Miguel Ángel y Miguel López lo abrieron lo hicieron por el gran diedro-chimenea del centro, y saliéndose luego por el espolón a la izquierda, donde instalaron un buril: «Empezamos por la fisura pero no pudimos continuar porque aquello era todo un zarzal, así que nos salimos al espolón. El problema es que había muchas lajas que eran muy finitas, y bien las partías con la mano o, al estar de pie sobre ellas con las cletas clavando el buril, se iban rompiendo». Con todo, consiguieron superar ese largo y, ese día, volvieron a salir por la *Ezequiel*. El último acto de la apertura acabó unos meses después, con los dos últimos largos de fisura que completan la vía.

En este proceso ocurrió la desgracia que determinó el nombre de la vía: «Un día, después de juntarnos en el club de Tetuán como solíamos hacer todos los jueves, Manolín se fue a su casa, se acostó y ya no se despertó más. Un soplo al corazón, apenas tenía 18 años». El día que estaban dando una misa por Manolín en La Cabrera, Miguel Ángel cogió la placa que habían preparado y se la subió a la base del muro, colocándola en el lugar que sigue hoy día, y en la que puede leerse: «Nadie es más que nadie si tú te tomas como eres. A Manolo, 28-12-76».

E.MARTOS

E.MARTOS

Entre recuerdos y escaladas nos hemos juntado en la misma reunión los de la cordada de arriba y los jóvenes, que amablemente nos han dado paso a "los mayores"; así que inmortalizamos la buena sintonía que desprende esta escalada con un *selfie*.

Esta fue la segunda apertura de Miguel Ángel pues el año anterior, en 1974, abrió la *Chamonix* del Gran Galayo (genial documento el vídeo de Super8 que grabó Lorenzo Borrero de aquella aventura, en Youtube: "Chamonix al G Galayo en 1974"). Al año siguiente, de nuevo en La Cabrera y junto a Miguel López Larena, abrieron la *Chocolate*, que bautizaron así «por el rollo fumeta de la época y también porque el primer largo estaba siempre muy húmedo, tenía como barrillo, no podías meter la mano porque te resbalabas». Y su tercera vía del Pico del Pico de la Miel es la fisura *Chamonix* que va a la derecha del *Manolín*, abierta con Alfredo Encinar Vega "Cipu" en 1979.

Lo de "Chamonix" le viene porque en su adolescencia, de los 13 a los 16 años, Miguel Ángel por circunstancias familiares vivió en Francia y empezó a hacer escapadas a Los Alpes –escalando vías míticas como el *Espolón Frendo*– así que, a su vuelta a Madrid, cuando se ponía a contar las historias de sus escaladas, el apodo fue inevitable. También hay una vía *Chamonix* en Patones y no muchas más, porque durante unos años se marchó a vivir a Andorra –dejando allí una treintena de vías de roca–, donde estuvo trabajando en las estaciones de esquí, un mundo al que ha seguido vinculado laboralmente durante muchos años, pasando luego a las estaciones madrileñas. Entre otras vías, también es suya la conocida *Empacho de Garnacho* del Peladet, en Terradets, que abrió con su cuñado Jorge Pereira en los 80; única de sus vías equipada desde arriba.

Un accidente en Valdesquí le sesgó una falange del dedo y le tuvo apartado de la escalada durante una etapa. También distintos trabajos le llevaron a recorrer el mundo e incluso a vivir durante unos años en las islas Fiyi, coloreando una vida intensa, difícil de condensar en pocas líneas.

Se ha reencontrado con La Cabrera no hace tanto, unos 7 u 8 años, y asegura que «al volver me ha agradado ver lo limpias que están todas las vías y que ahora, con las chapas, está todo mucho más seguro. Yo, mientras que pueda seguir escalando, a pesar de la artrosis, aquí seguiré». // **Eva MARTOS**

DARÍO RODRÍGUEZ

CARLOS BARBA

FOTOS: COL. JULIO MARINA

Vías que nacen, evolucionan y se quedan para siempre

Continuamos el repaso de vías emblemáticas, ya con la llegada del pie de gato y la fiebre de la escalada libre. Algunas de las clásicas permanecieron, otras fueron transformadas y se rastreó hasta el último granito del Pico en busca de huecos escalables.

ANTES de la llegada de los friends a España, a partir de 1979 (año de la liberación de la *Metamorfosis* de la Aguja de los Tres Amigos), en la época del pantalón blanco se comenzaron a escalar en libre todas las vías con escalada artificial de la sierra, convirtiendo en mito la combinación de los diedros *Loquillo* y *Esteban Altieri*, siendo esta línea la vía de máxima dificultad del Pico de la Miel; se decía que era MD Sup y se aseguraba solo con fisureros. A partir de ese momento y con el cambio de década, en los años 80, se impone el pie de gato y se abre la veda: el número de aperturas se incrementa al mismo ritmo que la dificultad de las mismas, pero algunas de las grandes clásicas cayeron en el olvido o se las apuntaron otros, algo bastante habitual en estas paredes: paños de roca ya escalados se incorporan como "novedosos" a nuevas vías. Son recuerdos de Naciso de Dios, testigo y partícipe de esa época.

Las de los 80 y 90

Durante unos años, el Pico pasó a ser uno de los lugares de moda de la zona centro, donde se experimentaba con los friends y se intentaba subir el listón de la dificultad. A lo largo de estas páginas ya hemos hablado con varios personajes que participaron en esta evolución, como Carlos Barba "Trompeta" que dibujó su vía *Trompeta* junto a Gondo y Tito en 1980 en una técnica mixta desde abajo y desde arriba, como nos cuenta: «Situados en la base de la futura vía, viendo lo compacto que parecía, sin apenas grietas donde poder asegurar con el material de la época: algunos clavos, un juego de fisureros y unos excéntricos, aparte del musgo y liquen que presentaba esa zona de la pared, decidimos entrar por la *Esteban Altieri* y remontar hasta un lugar donde pudiéramos montar una reunión. Subimos por esta vía y a cierta altura nos desplazamos hacia la izquierda hasta una repisa por encima del techo característico [se cayó a medias en unos desprendimientos que hubo en 2013] y montar lo que sería la segunda reunión de la *Trompeta*. Los dos primeros largos los limpiamos y equipamos descolgándonos desde la segunda reunión. Gondo colaboró ese día metiendo algunos seguros fijos que previamente habíamos marcado en el L1, y Tito y yo equipamos el resto de los dos largos. Todos los seguros fijos los metimos a mano con burilador broca de 7 mm y buriles de 8 mm con chapa que hoy darían risa. Al siguiente fin de semana fui con Tito y entramos por los dos primeros largos ya equipados, y continuamos pero ya abriendo el resto de la vía desde abajo a partir de la R2. Hicimos un parón después de haber abierto hasta el

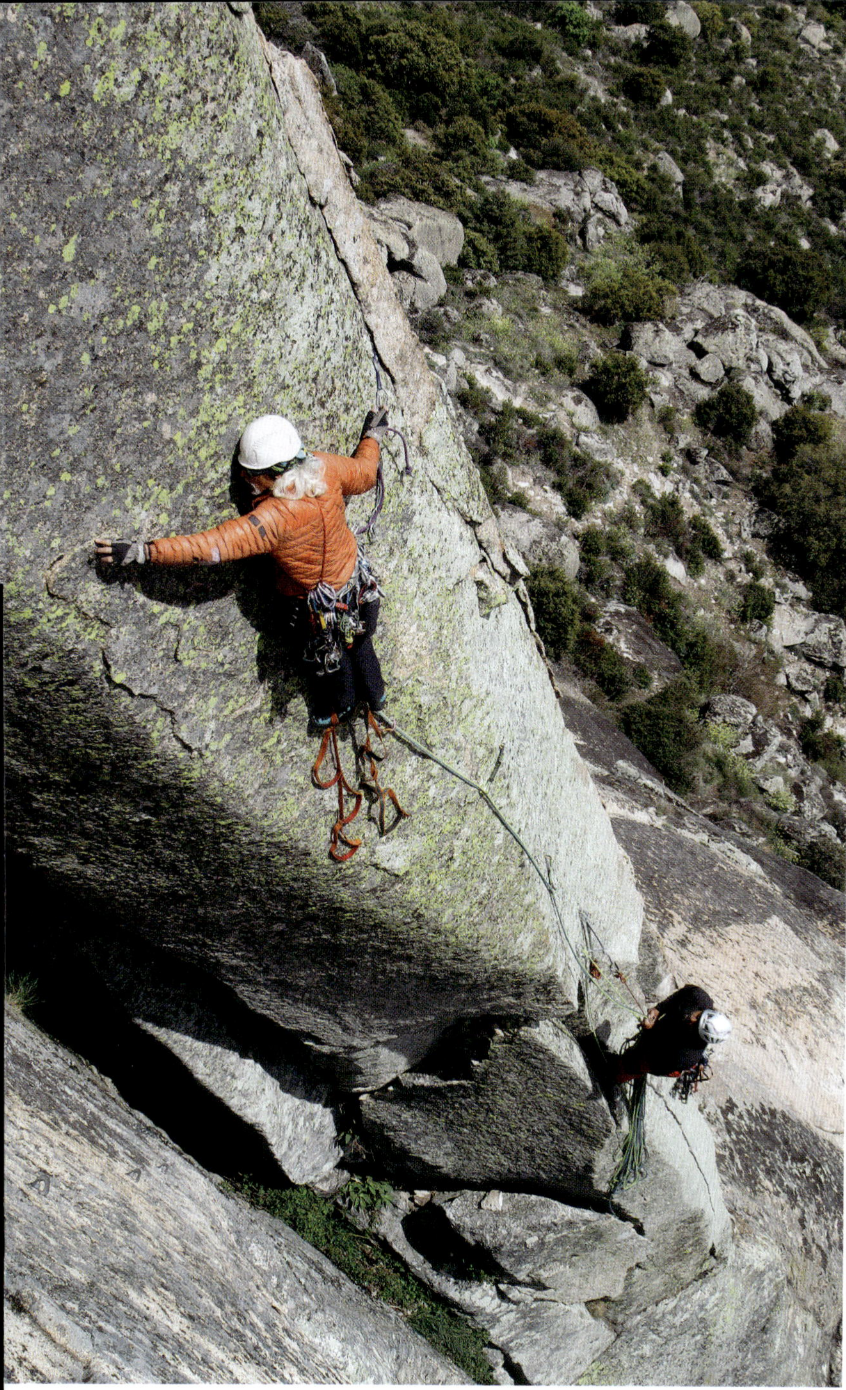

A la izquierda, Loren Borrero (asegurado por Andrés) en la *Papeles del Papila* (V/A2+). En la otra página desde arriba: retratos de Luis González y Julio Marina 'Julito'; 'el Trompeta" en su vía homónima en los 80; Julito durante la apertura de la *José Manuel Alaiz* (1982) y de nuevo él en una repetición reciente de su vía *Julito*. Abajo, Óscar Nieto en la *Murciélagos*.

Reequipamientos polémicos

En 1998 el llamado Comité de Equipamiento de la Federación Madrileña puso sus ojos en el Pico de la Miel, pero su trabajo, muy discutido, cambió la fisonomía de muchas de las vías y largos de escalada: se suprimieron reuniones añadiendo otras donde nunca existieron; se colocaron parabolts donde nunca los hubo (el largo de la placa del *Espolón Manolín* es un claro ejemplo); se suprimieron algunos de los expansivos tradicionales: el segundo largo de la vía *Julito* o el largo clave de la *Piloto*, y se cambiaron de lugar otros, como en el techo de la *Giurles/Campos*... aunque hay más, pues la lista es tan larga como lamentable porque ignora que siempre habría que respetar la historia y carácter de las vías: restaurar es mejor concepto que reequipar. // **Narciso DE DIOS**

tercer largo y retomamos la actividad a mediados de enero de 1981, acabando la vía en febrero; después hicimos la primera repetición. No sé si fue, como algunos dicen, la primera vía que se abrió desde arriba, lo que sí sé es que su apertura fue un disfrute para los sentidos». Otra de las vías de renombre del Trompeta y Gondo en el Pico es la *18 los ojos que te ven*, que abrieron en 1984, inaugurando otra escalada aún hoy exigente.

También Julio Marina 'Julito', tal y como nos ha contado en el artículo del risco del Murciélago, dejó varias líneas en el Pico. A su vía *Julito* del año 78, le siguió la *GAM-Peñalara* con Luis González en 1980 y, dos años después, la inconfundible fisura de la *José Manuel Alaiz*, que hoy es un 6b severo y que ellos hacían «con dos pasos de artifi-

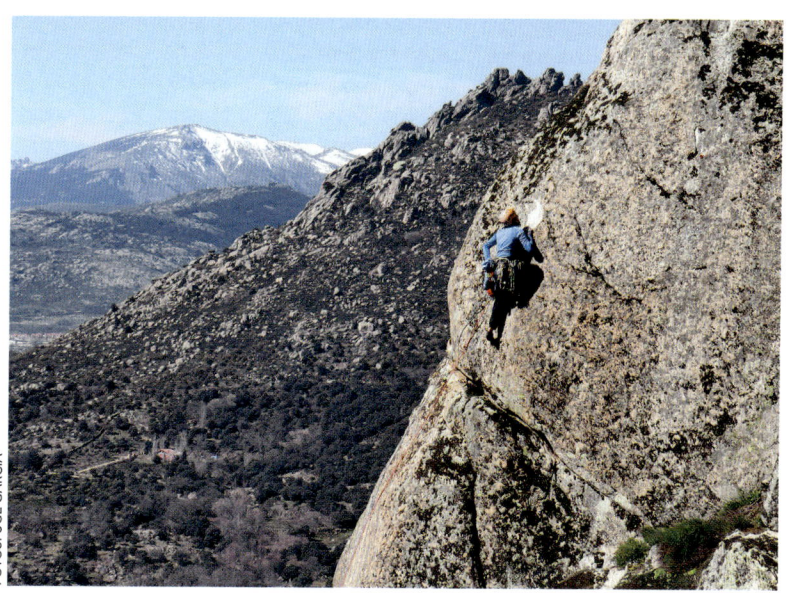

FOTOS: UGE GARCÍA

FOTOS: COL. WIMBOR

CARA SUROESTE
Territorio Wimbor

José Luis Arias 'Wimbor' es, con distintos compañeros y compañeras, el principal artífice de las vías que recorren el muro suroeste del Pico, además de alguna otra vía con nombre propio por la cara sur. Él mismo nos cuenta su conexión tan especial con esta pared.

M E tengo que remontar hasta 1976 para recordar mis primeras escaladas en el Pico de la Miel, por aquel entonces el Pico todavía lucía un manto de musgo que cubría su mayor parte. Fuimos escalando todas las vías que había en ese momento: la *Piloto*, *Ezequiel*, *Rivas Acuña*, etc, todavía pertrechados con botas gordas, clavos y estribos, con todo lo que eso suponía. Poco a poco fueron apareciendo más vías, al tiempo que desaparecía esa capa de musgo y hubo un momento en el que el Pico se convirtió en el sitio de moda por aquellos años que, junto con la aparición de nuevos materiales y los pies de gato, empezaron a surgir

vías con más dificultad, algunas de ellas verdaderos retos.

Por mi parte, en 1982 descubrí una línea que me llamó la atención, que transcurría prácticamente por todo el medio del Pico. Así que nos pusimos a ello y, junto con Carlos Arroyo y Txavo Vales, dejamos plasmada la vía *Doble cero* (6b+), cuyo segundo largo supone un buen reto aún hoy en día.

El Pico siempre ha estado presente en mi vida como escalador, incluso en 1985 realice allí parte del examen que me daría el título de profesor de escalada por la EMAN y la ENAM (actualmente TD2); es muy posible que sea la pared que más veces he escalado en mi vida.

Wimbor frente a su lienzo; a la derecha: chapa troquelada de su *Murciélagos* y cambiando las chapas de *El Pasadizo;* abajo a la izquierda, saliendo de la vía *Placa Maníaca* y, a derecha, en el primer largo de *El capricho*. Página derecha, el pionero (y aún activo) Tito De La Fuente escalando con su hijo Luigi la *Casera Atómica.*

A principios de los años 2000 me desplacé a vivir a un pueblo de Guadalajara, del cual La Cabrera quedaba muy cerca, motivo por el cual empecé a aumentar todavía más mis escapadas al Pico y alrededores. Tantas y tantas veces bajando del Pico después de escalar hizo que me fijase que en su cara Suroeste; la oferta no era tan amplia en vías como en el resto de la pared y la verdad es que no se veía muy claro, así que un día le propuse a mi amigo Ángel Vicente Mateos rapelar la pared a ver cómo se veía aquello. Nos pusimos al tema y vimos bastantes posibilidades; a partir de ahí y con un gran trabajo sobre todo de limpieza, los dos fuimos dando forma a las primeras vías, que fueron: *Pacto con el diablo* (6c+), *Chupacabras* (6b) y *Los Murciélagos* (6c+/A1). La última se la dediqué al grupo de escaladores al que pertenecía en los años 70/80; como sabéis, por entonces era normal poner nombres a los grupos de escalada. Esta vía de *Los Murciélagos* es para mí la mejor de las que abrimos, tanto por su variedad como por su longitud, una de las de recorrido más largo del Pico y que presenta dificultades de hasta 6c+ en libre.

Más adelante y según repetíamos estas vías, me fui percatando de que había más posibilidades y, poco a

poco, fuimos ampliando la oferta de vías en la zona, así las siguientes que surgieron fueron:

- *Embrujo* (6b+), *Directa Lucifer* (V+) y *Placa Maníaca* (V+/6a), junto a Cristina Morcillo.
- *El Pasadizo* (6c) y *La Rajada* (6b), con Adrián Colmenar.
- *La Conexión* (V+), con Fran Utrero.
- *La Cola del Diablo* (6a+), con Fran Utrero y Adrián Colmenar.
- *La Esquinita* (7a), con David Menéndez y Juan José Felipe.
- *El Capricho* (6a), con Juanjo Jerez y Mari Fayos.
- *La Penul* (IV+), con Juanjo Jerez, Mari Fayos y Javier Vázquez.

A la izquierda, varios momentos del Rally 12h La Cabrera y, abajo, el cartel del primer Festival de Escalada de La Cabrera, organizado por la Escuela Castellana de Alta Montaña en 1981; a su lado Juan Lozano (uno de los aperturistas de la *Esteban Altieri*), escalando recientemente la *Cepillo Fly*. A la derecha, Curro González en la *Shoggoth* del Callejón Soyermo; y debajo, Fernando Blas en la *Evolution Rock*.

mediablemente cubiertas por el musgo y la dejadez. Nos detenemos en una de estas rutas que ha sido recuperada recientemente. Se trata de la *Shoggoth*, abierta a mediados de los 80 por Luis Miguel Guiñales y Luis, ubicada justo a la derecha del clásico *Diedro Ticupa* (6a), con la que comparte las reuniones. Con un recorrido de 100 metros, se compone tres largos (L1 6b, L2 6a y L3 6b+) que no tienen desperdicio, y en los que encontraremos poco equipamiento fijo. Con sombra constante, es una buena candidata para el verano.

Podemos completar la jornada con las vías del contiguo Cancho Soyermo, como la *Dedos* (6a+), completamente limpia, o las más duras *Bebé a bordo* (7a), por Andrés Moreno y Óscar Pasual en 1992; así como *La coja, el gordo y la foca* (6c/A1), por Carlos Tormo, Ángel Tardáguila y Raúl Redondo en 2007, entre otras.

Un telar con muchos hilos

Al contemplar las vías que hoy recorren cada metro del Pico de la Miel nos viene a la mente la imagen de los múltiples hilos de un telar, que se pueden ir trenzando creando coloridas formas o paisajes, a gusto del tejedor. Muchas de las clásicas se recorren hoy haciendo combinaciones entre los distintos largos, adaptando la dificultad a nuestras preferencias. Algunas de las combinaciones más habituales de la cara sur son la *Chocolate+Piloto+Raquel*, la *Casera*

UGE GARCÍA

Atómica+Harakiri+Julito o la *Brothers+Psicosis+Cobo*, entre tantas otras opciones que ofrece la pared. Quien busque más jarana la encontrará en los artificiales pendientes de liberar, como la *Benito Borrero* (6b+/A1+) por la zona derecha, así como *Los papeles del Papila* (V/A2+) a la izquierda del Espo-

lón Manolín; o la *Sánchez-Lozano* (6b+/A0), a la derecha de la *Bavaresa blanca*, a la que no le falta algún paso de "echarle morro".

Las hay también con carácter y poco conocidas recientes, como la *Petameños*, un curioso recorrido en el que no dejaron ningún anclaje fijo, que busca las debilidades de la pared en una escalada expuesta, a cargo de Puli Gallego con la colaboración de Marina Fernández, Marisa Sánchez e Isabel Cebollero en cada uno de sus tres largos, y que dedicaron a «los Peta Meños y a todos aquellos ochenteros y noventeros de Pedriza, llenos de rabia y energía». Muy cerca tenemos la *Kike* (7a/A1) que, aunque cruza otras vías, surca tramos insólitos y ofrece una sensación de gran pared y aventura. Y los coleccionistas pueden encontrar placer en otras como la *SuperJuly* (160 m, 6c+); la *Fisura del Lirón* (7a), la *Niña de mis ojos* (6b/A2), la *Hotel Overlook* (6a/A2), *Los Clavos del Animal* (A2/6b)...

En definitiva, un tapiz de casi un centenar de vías en el cada persona puede tejer su propia aventura, siempre con el respeto que merece una roca con tanta historia. ∎

FOTO Y CROQUIS: UGE GARCÍA

PICO DE LA MIEL

Sector de
vías deportivas
Pico de la Miel

CARA SUROESTE   CARA SUR

Múltiples sabores

Casi un centenar de vías
–la mayoría grandes clásicas– se
despliegan sobre sus paredes
Suroeste, Sur y Sureste, con
recorridos que van desde 20 a
un máximo de 200 metros.

AUNQUE lo que predomi-
nan en el Pico de la Miel
son las vías semiequi-
padas, también encontramos
recorridos completamente limpios, así como algunos equipados para los que solo necesitaremos cintas exprés. Ofrece
una roca en general compacta,
tanto de muros verticales con
agarres como placas de adherencia, además de fisuras, canalizos y diedros que nos harán
recurrir a las más variadas técnicas de escalada sobre granito.
En las vías menos frecuentadas

podemos encontrar la roca cu-
bierta de musgo y liquen.
   Se recomienda establecer
previamente un código de co-
municación con el compañero/a
de cuerda (silbidos, tirones de
cuerda...), pues el molesto ruido
de la cercana autopista puede
dificultar escuchar las voces.
En la cumbre, a 1392 m de altitud, nos recibiría un vértice
geodésico y bonitas vistas.

Aproximación
Desde la Calle de los Colegios
o desde el restaurante El Can-

cho del Águila (por detrás a la
derecha), sube una senda hasta
una plataforma de tierra. Desde
aquí, marcado con hitos, hay
un camino que asciende directo
a la base del Pico de la Miel,
del que nos tendremos que
desviar a la izquierda o a la
derecha en función de la vía
escogida.

Descenso
Se puede bajar caminando desde la cumbre, tanto por el lado
izquierdo como por el lado derecho, en función de la vía que

LAS VÍAS

1. La Esquinita (A0/6a o 7a+, 5 L) ✗. **2.** Variante Izquierda a la Esquinita (IV, 3 L) ✗. **3.** Embrujo (6b, 4 L) ✗. **4.** Directa Lucifer (V+, 3 L) ✗. **5.** Placa maniaca (V+, 2 L) ✗. **6.** Chupacabras (6b, 4 L) ✗. **7.** Pacto con el diablo (6c+, 6 L). **8.** La cola del diablo (6a+, 1 L). **9.** La canal (III, 1 L)*. **10.** La conexión (V, 2 L). **11.** El pasadizo (V+/Ae, 6c, 6 L). **12.** La fisura del lirón (7a, 1 L)*. **13.** Paloma (IV+, 5 L)*. **14.** La rajada (6b+, 3 L). **15.** Murciélagos (6c+/Ae, 6 L)*. **16.** Diosa Rá (6c+, 1 L). **17.** Cara oculta de la Luna (6b/A1+, 5 L). **18.** Benito Borrero (6a/Ae, 6c+, 3 L). **19.** Borrero-Ortíz (V+, 6 L)*. **20.** En la variante está el gusto (6c, 1 L). **21.** Cabrero-Capri (6b/Ae, 5 L). **22.** Cobo (6b, 3 L)*. **23.** Psicosis (6c/A0, 7b, 3 L). **24.** Brothers (V+, 3 L). **25.** La Guarra (V, 4 L)*. **26.** Chichi Chachi, Bingo Chungo (6c/Ae, 7a, 4 L). **27.** Julito (6a, 4 L, entrada original). **28.** Vte. de la Julito (V+, 1 L). **29.** Harakiri (V+, 4 L). **30.** Casera atómica (6b, 4 L). **31.** Rivas-Acuña (Vº, 5 L). **32.** Titi (Guirles-Campos) (6b/Ae, 7a, 5 L). **33.** Raquel (V+, 1 L)*. **34.** Thanatos (6a+/Ae, 4 L). **35.** Doble Cero (6b, 4 L). **36.** La última oportunidad (6b, 3 L). **37.** Piloto (IV/A0, 6a, 5 L). • Entre las vías 37 y 39 existe un proyecto (línea morada, sin numerar). **38.** Directa Harakiri (V+, 1 L)*. **39.** Tejeda o Lola Flores (6b, 5 L). **40.** Senda (V+, 5 L). **41.** Unicornio azul (V+/A0, 6c+, 4 L). **42.** Chocolate (V+, 4 L). **43.** Trompeta o José Álvarez (6b, 5 L). **44.** Licencia para matar (6c, 1 L). **45.** Machaquito Pastor (6c+, 4 L). **46.** Esteban Altieri (6a+, 4 L). **47.** Jose Manuel Alaiz (6b, 4 L). **48.** Diedro Loquillo (6a+, 3 L). **49.** Los Pioneros (6b/Ae, 5 L). **50.** Brasas o Vte. de la Loquillo (V+, 1 L)*. **51.** Claveles Rojos (V+, 6 L). **52.** Espolón de Manolín (V+, 6 L). **53.** Evolution Rock (6b+/A0, 7b+, 5 L). **54.** Salamandra (6b, 5 L). **55.** Cepillo Free (6c, 4 L). **56.** Peter Pan (6b/A0, 7b, 4 L). **57.** Durruti (6a, 4 L) ✗. **58.** Ezequiel-Domingo (IV+, 5 L)*. **59.** Emilio (V+, 2 L). **60.** Pandemonium (6a+, 3 L). **61.** Rosario (6b, 3 L). **62.** Fisura Chamonix (6a, 3 L). **63.** Bloodstar (6b+, 1 L). **64.** 18 los ojos (6c, 3 L). **65.** G.A.M. Peñalara (6b+, 2 L) ✗. **66.** Daniel Jiménez (6a, 3 L). **67.** Ángela-Elena (6b, 3 L) ✗. **68.** Bavaresa Blanca (V+, 3 L). **69.** López-Muñoz (IV+, 3 L)*✗. **70.** Cava baja (V+, 12 L). **71.** Diedro Ticupa (6a, 3 L)*✗. **72.** Guirigay (V+, 10 L). **73.** CMC-Guti (Sin datos) ✗. **74.** Variante hacia "La pacto..." (Sin datos) ✗. **75.** Adrenalina Superior (6a+, 3 L) ✗. **76.** Fisuricolas (Sin datos). **77.** Los papeles del Papila (V+/A2, 2 L). **78.** Grupo Scout 102 (A2+, 2 L). **79.** Miguel-Ángel (A2, 1 L) ✗. **80.** La niña de mis ojos (6a+/b, 2 L) ✗. **81.** Shoghot (6b, 3 L, hacía 1985) ✗. **82.** Peta-Meños (VI+, 3 L)*. **83.** Hotel Overlook (6a/A2, 3 L) ✗. **84.** Placa del Musgaño (6b, 2 L) ✗. **85.** El Capricho (6a, 3 L)*✗. **86.** Kike (6c/Ae, 8 L). **87.** La Penúl (V, 3 L)*✗. **88.** SuperJuly (6c+, V+/A1, 5 L) ✗. **89.** Los clavos del Animal (A2/6a, 3 L) ✗.

L: largos (5 L = 5 largos).
* Vías limpias (llevar material de autoprotección). Las demás vías están equipadas o semiequipadas.
✗ Sin croquis en la foto.

Descarga el croquis orientativo tanto de las caras Suroeste, Sur y Sureste, con todas las vías, en: *https://desni.in/fjbew*

---

hayamos realizado. La bajada por el lado derecho (Este), implica un destrepe delicado que no es muy recomendable.

Material
Aunque se puede escalar con cuerda simple, en general se aconseja llevar cuerda doble, por si tenemos que realizar un descenso o rápel imprevisto. Un juego de friends también nos será útil para la mayoría de vías, además de unas 10-12 cintas exprés y el material de reunión. Casco siempre aconsejable.

Restricciones
Actualmente solo hay restricciones a la escalada (de enero a julio, ambos incluidos) en la vía *Bavaresa Blanca*.

Más información
Los croquis generales que incluimos aquí solo son orientativos, con el fin de mostrar la gran cantidad de opciones que ofrece esta pared; ese inmenso telar con vías de tantos colores... Podéis descargar una selección de croquis detallados en webs como:

• https://rallyescalada.es/cabrera/croquis-vias-que-puntuan (con las vías y combinaciones que puntúan para el Rally 12h la Cabrera).
• *http://escaladorescabrera.blogspot.com/p/croquis.html* (croquis de la asociación Escaladores de la Cabrera).
• *https://sobreescalada.com/comunidad-de-madrid-la-cabrera* (recopilación de Curro González).
• *https://sites.google.com/view/lorencroquisypiadas* (croquis artísticos de Loren Borrero).

ADOBESTOCK

LA CABRERA
Un refugio vital del buitre leonado

Hablamos con Gemma, Agente Forestal que trabaja en el entorno del Parque Nacional de la Sierra de Guadarrama y su área de influencia, en la que se enmarca La Cabrera. Nos responde las dudas relativas a las regulaciones por nidificación de especies protegidas.

SEGÚN datos de SEO/Bird-Life, España alberga la mayor proporción de las poblaciones europeas de aves carroñeras. En concreto, el 98% de buitre negro; el 94% de buitre leonado o el 82% del alimoche. Además, la evolución de estas especies en nuestro país ha ido en crecimiento, una prueba de que las iniciativas de conservación implementadas están funcionando. Entre ellas está la regulación de las actividades con las que comparten su hábitat, como la escalada.

¿Desde cuándo se instauraron las regulaciones y por qué están motivadas?
La escalada en La Cabrera se encuentra regulada desde la publicación del PORN (Plan de Ordenación de los Recursos Naturales) de la Sierra de Guadarrama, que entró en vigor en 2014, y en el que se regula la Zona Periférica de Protección del Parque Nacional. Sin embargo, en años anteriores ya se realizaban los censos y seguimiento de las especies rupícolas de esta zona, siendo las más destacadas el buitre leonado

(catalogado como de interés especial según Catálogo Regional de Especies Amenazadas-CREA- decreto 18/92) y el halcón peregrino (vulnerable en el CREA). Estas dos especies son las principales afectadas por la actividad de la escalada, pero existen más especies que nidifican en la zona, como el búho real (vulnerable según el CREA). Al constatar el aumento de la actividad de la escalada en la zona, así como la creación de nuevas vías y su afectación a la reproducción de estas especies, comenzó la regulación.

¿En qué normas se asientan estas regulaciones?
Las normas que regulan la protección de las especies silvestres y las especies amenazadas son la ley Nacional 42/2007 y la Autonómica 2/1991.
La primera, del Patrimonio Natural y de la Biodiversidad, establece en su artículo 54.3 la prohibición de "dar muerte, dañar, molestar o inquietar intencionadamente a los animales silvestres, sea cual fuere el método empleado o la fase de su ciclo biológico". Esta prohi-

bición abarca también la retención y captura en vivo, así como la destrucción, daño, recolección y retención de sus nidos, crías o huevos, incluso si estos están vacíos. Además, se prohíbe la posesión, transporte, tráfico y comercio de ejemplares vivos o muertos. Por lo tanto, cualquier acción que cause molestias intencionadas a las especies silvestres está prohibida por esta ley.

¿A qué nos exponemos si no cumplimos la normativa?
La ley mencionada anteriormente establece en su artículo

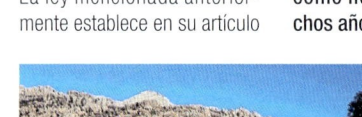
COL. GEMMA

Gemma durante el desempeño de su trabajo, controlando las aves protegidas en el Parque Nacional de la Sierra de Guadarrama.

76 un régimen sancionador para las infracciones relacionadas con la fauna silvestre, incluyendo acciones como molestar, dañar o perseguir aves. Las sanciones se clasifican según la gravedad de la infracción:
• **Leves:** multas de 100 a 3.000 euros.
• **Graves:** multas de 3.001 a 200.000 euros.
• **Muy graves:** multas de 200.001 a 2.000.000 euros.
La clasificación de la infracción dependerá de factores como el impacto sobre la especie, su nivel de protección y las circunstancias del acto cometido. Por ejemplo, la destrucción de nidos de aves protegidas puede considerarse una infracción grave. Además de las sanciones económicas, estas acciones pueden conllevar responsabilidades penales si se consideran delitos contra la fauna (tal y como recoge el Código Penal en su artículo 334). Por lo tanto, se recomienda encarecidamente respetar y proteger a las aves y su hábitat para evitar consecuencias legales y contribuir a la conservación de la biodiversidad.

¿Qué organismo es responsable de que se cumpla la normativa?
En la Comunidad de Madrid, las competencias en materia de medio ambiente corresponden a la Consejería de Medio Ambiente, Agricultura e Interior. Dentro de esta estructura, el Cuerpo de Agentes Forestales es el responsable del control y vigilancia de las especies, siendo los agentes quienes inspeccionan las zonas y pueden denunciar a los escaladores que estén incumpliendo la norma.

Hay muchos escaladores/as que piensan que los buitres pueden convivir perfectamente con la escalada, como llevan haciendo muchos años, ¿qué les dirías?

Efectivamente, hay parejas de buitres leonados que soportan la cercanía de los escaladores, pero en ningún caso toleran el contacto directo con el nido. Cuando un escalador, sin saberlo, se asoma a una plataforma de buitre leonado que está incubando, lo primero que va a hacer el buitre es irse. Por tanto, ese huevo que estaba incubando, perderá temperatura y morirá. Otra de las causas que lleva a la muerte de los pollos es que, una vez que un escalador accede a una plataforma y se encuentra un nido con un pollito, el padre o la madre se marchan, con lo que el pollo no tardará en morir por frío, por deshidratación o por abandono, pues puede depredarle otra especie. Por tanto, es muy importante que, si vemos una plataforma, es decir, un nido de buitre ocupado, no nos acerquemos a esa zona.

¿Qué dice la normativa sobre las aperturas, equipamientos o reequipamientos en La Cabrera?
La normativa está contemplada en el PORN del Parque Nacional de la Sierra de Guadarrama, ya que La Cabrera está dentro de la Zona Periférica de Protección. Establece que está prohibido todo tipo de apertura o actuación en vías de escalada sin una autorización del propio Parque.

¿Están señalizados in situ los riscos regulados?
Disponemos de carteles con los que se han marcado algunas vías reguladas, que fueron proporcionados por la asociación Escalada Sostenible. También hemos puesto algo de cartelería vertical, pero el problema es que en muchas ocasiones nos hemos encontrado con que los arrancan. Por tanto, en el mismo risco no vamos a encontrar las señalizaciones de las regulaciones. Es responsabilidad del escalador mantenerse informado y respetar la prohibición por nidificación, que abarca desde el 1 de enero al 31 de julio.

¿Dónde se pueden consultar las actualizaciones sobre estas regulaciones?
No hay una página oficial en la que se publique esta normativa; lo difundimos a través de medios especializados, como *Desnivel* o el magazine *El Cohete* de Sputnik, así como otros colaboradores como Escalada Sostenible, Montaña Regulada y clubs y asociaciones que solicitan y transmiten esta información.